ルポ 無料塾
「教育格差」議論の死角

まさ
Ota Toshimasa

a pilot of wisdom

はじめに

無料塾とは、主に経済的な理由で一般的な塾に通えない子どもたちに対して、無料で勉強を教えるボランティア活動である。子ども食堂の勉強版といえばイメージしやすいだろうか。学習支援団体と呼ぶこともある。

本書は、無料塾の意義と限界と可能性を描く。

学校の授業についていけず、フォローも受けられず、自信を失っていた子どもたちが、善意の大人たちに丁寧に勉強を教えてもらい、「わかるようになった」「勉強の楽しさを初めて感じられた」「自分でもできるという手応えを感じた」などと目を輝かせる光景に出会える。

また、なんとか時間を捻出《ねんしゅつ》して無料塾に参加しているボランティアスタッフたちの表情もなぜかきらきらしている。

学生ボランティアもいれば、若手公務員も、子育てが一段落した母親も、定年退職した元会社員もいる。勉強を教えるだけでなく、夜食のおにぎりをむすんでくれるシニアボランティアもいる。

善意すらうかつに発揮できない世知辛い世の中だ。無料塾に来ることで、人間がもっている利他の本能が満たされるのであろう。


しかし一方で無料塾は、塾がなければ土俵に上がることすらできない過酷な競争を強いる格差社会の落とし子でもある。


競争に〝負け〟れば、格差社会の〝下〟行きエレベーターに乗せられる。無料塾の子どもたちはかろうじて、尊厳をかけた戦いの土俵際にいる。

本人にはどうにもできない状況でもがいている目の前の子どもたちにはなんとか手を差し伸べたい。でもそうすることは、この過酷な格差社会の中で、救われる椅子を誰かから奪い取っているにすぎない。

本来であれば椅子を増やさなければならないのに、むしろ圧倒的に椅子の数が足りない過酷な〝椅子とりゲーム〟に子どもたちを送り込み、全体としてさらに競争のレベルを底上げしてしまう面すらある。

無料塾のおかげで土俵には上がれたのにチャンスをものにしなかった者たちが格差社会の底に沈んでいくのは自己責任だ、と割り切ってしまっていいのかという論点も生じる。

無料塾は、宿命的に矛盾をはらんだ存在なのである。

本書は三部構成になっている。

第一部は、東京都心近くにある、ある無料塾を舞台にした三編のノンフィクションショートショートだ。登場人物は実在し、エピソードもほぼ事実だ。生徒の目線、運営者の目線にシンクロしてもらいたい。

第二部は、さまざまな形態で運営される無料塾の、現場ルポルタージュである。個人が主宰する場合もあれば、大手NPOが多教室を展開する場合もあれば、行政が設置する場合もある。誰がどのような形で運営するかによって、無料塾の存在意義自体が変わるのがわかるだろう。無料塾は、それだけ多様性に富んだ存在でもあるのだ。

第三部では、社会学や哲学の力を借りながら、いわゆる「教育格差」の問題に踏み込む。さらに、それを教育問題で終わらせないために、労働市場に詳しい組織開発コンサルタントの視座も借りる。

「おわりに」が本書の総括になっている。結論を早く知りたい読者はここから読み始めるのもおすすめだ。


予告的に述べてしまえば、本書は結果的に、これまでの教育格差議論の死角を現場から指摘する役割も果たすことになる。


子どもの貧困、ヤングケアラー[*1]、虐待、ネグレクト[*2]、不登校、移民、難民、地域格差、自己責任論、メリトクラシー[*3]、無理ゲー[*4]化する受験システムなどのさまざまな社会課題が、無料塾には集約されている。

無料塾でいま何が起きているのかを知ることは、教育だけでなく、現代社会の多様な課題を知ることにつながる。教育に期待すべきこととすべきでないことの結節点に、まさに無料塾があるともいえる。

さあ、無料塾という「パンドラの箱」の蓋《ふた》を開け、現実を直視しよう。

註

＊1　ヤングケアラー……家庭内で世話役を担わされる子ども

＊2　ネグレクト……育児放棄

＊3　メリトクラシー……功績主義、業績主義、能力主義

＊4　無理ゲー……自力ではクリアがほぼ不可能なゲーム

目次

第二部　実例編

第三部　考察編

子育ての社会化と探究の機会拡大
学校はいまのままでいいのか?

第四章　能力主義という欺瞞

——組織開発コンサルタント　勅使川原真衣さんインタビュー——

個人を万能化しようとする社会
教育格差をなくしても社会の歪みは直らない
一〇〇点満点主義が成長を妨げる
不安が不安を生む悪循環
無料塾は「有料塾の廉価版」ではない
分配すべきは糧か名誉か
即戦力を求めるのは企業の怠慢
無料塾が実現する「新しい配分」

図版作成／クリエイティブメッセンジャー

第一部　実話編

第一章　みんな一生懸命生きているんだなぁ

無料塾生徒マサヨシの場合

運動会の打ち上げは、駅前にできたばかりのビュッフェレストランでやると決まったらしい。クラスにはあんまりなじめてなくて、正直あんまり乗り気はしないけど、たまにはそういうのにも顔を出しておくべきかな……。でも気になるのは会費だ。一人三〇〇〇円って、高くない？　俺たち中学生だよ。マサヨシ（仮名）はもやもやしていた。

「運動会の打ち上げがあって、会費が三〇〇〇円なんだけど……」

申し訳なさそうに告げると、母親は一瞬目を大きく見開いたが、すぐにニコッと笑って、使い古した財布から三〇〇〇円を出してくれた。

「楽しんでいらっしゃい！」

その姿を見て、うーん、やっぱり行くのをやめようかなと気持ちが揺らぐ。家族で外食することなんて月に一回あるかどうかの贅沢《ぜいたく》。それもガストとかサイゼリヤとか、安めのファミレス。あんなお洒落《しゃれ》な感じのレストランなんて行ったことがない。みんなはああいうお店にいつも行ってるのかなぁ。別に羨《うらや》ましいとも思わないけれど……。

男子が大食い競争を始め、女子はデザートを写真に撮ってはしゃぐなか、マサヨシはずっといらいらしていた。やっぱりおかしい。自分で稼いだわけでもないのに中学生がランチに三〇〇〇円も使って大騒ぎしてるなんて。まったく楽しめなかった。テーブルを囲んでの記念撮影では自分だけむすっと写っていた。

マサヨシの月のおこづかいは五〇〇〇円。小学生のころからまったく変わっていない。好きな漫画を買えばおしまいだ。親戚というものもほとんどいないので、お年玉は母親からもらう一万円だけ。友達がカードゲームのボックス買いに何万円も使っているのを見るとさすがにぎょっとする。

母親が毎日朝早くからクリニックでの事務仕事をしてヘトヘトになっているのをマサヨシは知っている。おかげで冷蔵庫を開ければ肉でも野菜でもある。普段はそれを自分で調理して食べる。

小学生のころまでは七つ上の兄が遊び相手になってくれていたけれど、そんな兄も大学生になってからは勉強とバイトで忙しくなってしまった。放課後はたいてい、買ってもらった中古のパソコンでＹｏｕＴｕｂｅを見て、独りですごす。

物心がついたときには両親は離婚しており、父親はいない。でもときどき連絡はくれる。兄の父親はまた別にいる。

新宿区百人町《ひゃくにんちょう》にある２Ｋの小さなアパートは日当たりがいい。窓を開けると道路を挟んだ目の前にタワマンがそびえ立つ。見上げて思う。上からこっちはどう見えるのかな。夕方になると塾通いとおぼしき小学生がそこからたくさん出てくる。

勉強は好きじゃない。小学生のころから苦手。四五問以上正解が条件の漢字五〇問テストで、正解はいつもせいぜい二〇問くらい。小五のときには注意欠如多動性障害と診断され、障害者手帳をもらった。

中学校に上がる直前に、母親がたまたま「中野よもぎ塾」を見つけて、行ってみない？と聞かれた。無料で勉強を教えてくれる塾なんてあるんだ。勉強は嫌いだけど、塾というものには興味が湧いた。

知らない子ばかりで緊張したが、サポーターと呼ばれる大人たちとはすぐに打ち解けた。授業は日曜日の夜六時から九時まで。生徒一人一人にサポーターがついて、マンツーマンで勉強を教えてくれる。何を勉強するかは、代表の大西《おおにし》さんが考えてくれる。最後の一時間はみんなでゲームなどをする交流の時間なので、勉強を頑張らなきゃいけないのは最初の二時間だけだ。

幸い、サポーターのひとたちは勉強を無理強いせず、どんな話題にもちゃんと耳を傾けてくれるので、マサヨシは一生懸命ゲームや漫画の話をして、できるだけ勉強の時間を減らすように努力した。特に澤谷《さわや》さんはいい。いくらでも雑談に付き合ってくれて、ときどき一問か二問、やってみようか？と優しく声をかけてくれる。

あっという間によもぎ塾が好きになった。日曜日の夜が待ち遠しい。相変わらず勉強は好きにはなれなかったが、いろんな大人と話せるのが楽しかった。なかでも大人たちの仕事の愚痴やお酒を飲んで失敗した話を聞くのが楽しかった。みんないろいろあるんだなぁ、それでもみんな一生懸命生きているんだなぁってことがわかった。よもぎ塾で聞いた話を、帰宅してから母親に話すのも好きだった。

マサヨシの家庭は極貧生活というほどではない。でもよもぎ塾には、自分よりももっと過酷な家庭環境の子たちがたくさんいた。みんな下の名前で呼び合う。途中で名字が変わっちゃう子も多いからではないか。学校に行けていない子も多かった。そんな子たちも、よもぎ塾では普通にしていられた。世の中に、こんな場所と時間と人間関係があるということが驚きだった。

高校受験のプレッシャーや塾通いのストレスからか、中学校ではいつもみんながいらいらしていた。一般的な進学塾に通う、中学校のクラスメイトたちは、みんな塾通いを嫌がっている様子だった。週三回も四回も通っている友達もいた。宿題もたくさん出ているようで、大変そうだ。よもぎ塾ではそんなことはない。自分だけ楽しく塾に通っててごめんねって感じ。

中学校はあらゆる意味で、マサヨシにとって居心地が悪い空間だった。ただ普通に会話しているだけなのに、突然殴られることが何週間か続いたこともあった。なんで自分が殴られているのか、理由すらわからない。理由がわからないから対処のしようもない。いつのまにか無意識に眉毛を抜く癖がついていた。

たまりかねて母親に告白した。毎日殴られるからもう学校に行きたくない、と。すると母親は、お母さんと遊びに行こうと言って、一週間仕事を休んでくれた。横浜にある母親の友人の家に二人で転がり込み、中華街に出かけたり、みなとみらいを見に行ったりしてすごした。学校に戻る気になれた。

優しくて正義感の強い母。しつけはしっかりされたとマサヨシは思っている。それでいて子どもにべったりではなくて、いつも一定の距離感を保ってくれている。まじでいい親だ。

ちなみに母親もいわゆる大人の発達障害の診断を受けている。通信制高校を卒業後、准看護師資格をとったという。お洒落なんて気にしたことがないようなひとだが、週末には美術館に行くのが好きで、マサヨシも、小さいころはよくついていった。いろんな名画を見たはずだが、覚えているのは「真珠の耳飾りの少女」と「貴婦人と一角獣」くらい。

マサヨシが一人で退屈しないようにと、WOWOWに加入してくれていた。小学生のころはそれで、「男はつらいよ」や「釣りバカ日誌」を見るのが好きだった。ゲラゲラ笑った。思い返せば、それがマサヨシの人生のテキストになっている。

そこに、よもぎ塾の大人たちの人生のリアリティーが結びつき、人生っていつも正しくなければ生きられないわけじゃないということが実感としてわかってきた。そもそも正しいってなんだろうね、みたいな。

それに比べると、道徳の時間のたいそう偉そうな教訓も、休み時間にクラスメイトがしている受験の話も、薄っぺらく感じられる。いまから東大を目指すと宣言しているクラスメイトもいる。こうじゃなきゃいけないんだというレールを自ら敷いて、人生の選択肢を狭めているようにすら見えて滑稽《こっけい》だ。そのくせそういうやつはひとのことをよく見下す。勉強なんて、上を見ればいくらでも上がいるし、下を見てもいくらでも下がいる。そんなことで比べてないで、自分の好きなことをすればいいのに。学びたいことがあって大学に行くならわかるけど、やりたいこともないのに単に偏差値が少しでも高い大学を目指す意味がマサヨシにはわからない。

偏差値が少しでも高い大学を目指すという目標を仮置きできてしまうから、少なくとも一〇代のうちは、自分と向き合わないまま生きていられてしまうのかもしれない。でもそんなんで、しあわせになれるの？　マサヨシは極めて冷めた視点から学校のクラスメイトたちを観察していた。

よもぎ塾に通っているうちに、勉強すればそれなりに定期テストで点がとれることはわかってきた。ちょっとは自信がついたかな。中学校の数学の先生も面白いひとで、数学は少し好きになった。

同時に、中学校の職場見学で訪ねた大手ＩＴ企業の雰囲気に憧れを感じた。担任に感想を伝えると、その担任が頑張って別のＩＴ企業と交渉し、職場体験ができるように手配してくれた。三日間、ＩＴ企業に出社し、パソコンをいじらせてもらったり、電話応対の基本を教えてもらったりして、すごく楽しかった。

プログラミングを学んでみたくなった。情報科がある都立高校を目指すことにした。定時制で単位制で、推薦で行けそうな学校が見つかった。よもぎ塾のおかげで、中学校ではかろうじて五段階評価の三くらいの成績はとれていた。ペーパーテストは苦手だったが、結局、面接と作文と集団討論だけで合格できた。

マサヨシが高校に入るのと同時に、兄は就職して家を出ていった。仲が良かったから、ちょっとさみしい。さらに高校在学中にコロナ禍が始まって、過敏性腸症候群になったり、ちょっと鬱《うつ》っぽくなったりして、卒業まで四年かかってしまった。

母親からは、大学には行ったほうがいいよとアドバイスされたけれど、勉強が好きじゃないのにただ四年間ぷらぷらするためだけに親に学費を払わせるなんて無駄だし、しかも単位落として留年なんてしちゃったらますます面倒くさいし……という理由で就職することに決めた。

就職活動を始めたら、母親の知り合いの知り合いが経営するＩＴ企業から声をかけてもらえた。法律上、障害者を何人か雇用しなければいけないことになっており、障害者手帳をもっていて多少なりともプログラミングに覚えがあるマサヨシが、条件にぴったりはまった。その会社としては初めての高卒新入社員だという。

自分にＩＴ系の才能があるとは思っていない。むしろセンスはあんまりないかもしれない。でも長い人生、ここから学んでいくべきこともいっぱいあるんだろうから、焦らずにやっていけばいい。不安は不安だけど、いままで通り、なんとかなるだろう。ままならない現実をそれでもなんとか生きている大人たちのロールモデルは、よもぎ塾でたくさん見た。

いい親に恵まれて、よもぎ塾にも入れてもらえて、たくさんの大人の話を聞けて、高校には推薦で入れてもらえて、しかも願ったり叶《かな》ったりの会社に就職までできて……。自分はつくづく運がいいなとマサヨシは思う。給料が入ったら、親孝行したい。そして、いくらかでもよもぎ塾に寄付するつもりだ。

第二章　おかしいのは社会のほうじゃない？

無料塾生徒イズミの場合

「無料塾っていうのがあるんだってさ」

母親が、町のことなら何でも知ってる知り合いの不動産屋さんから聞いてきた。イズミ（仮名）が中二のときだった。

無料って……。ちゃんと勉強教えてくれるのかな？　でも中学生になってから、自力で教科書を読み込むだけでは学校の勉強についていくのにも限界を感じ始めていた。まわりの友達は進学塾に通い始めている。自分だけ塾なしで高校受験に挑むのは不利だなぁと思ってはいた。一回見てみて、良さそうならばそこに通ってみよう。

「中野よもぎ塾」というらしい。

小学校低学年の時点で、学校の宿題について母親に質問すると、「そんな昔に習ったこと、覚えてないよ」と言ってまともにとりあってもらえなかった。お母さんはあてにならない。自分で教科書を読み込んで理解するしかなかった。そうやって勉強してきた。それでも小学生のうちはいい成績がとれていた。

初孫だったため、親戚から絵本や児童書をたくさんもらっており、家には本がたくさんあった。幼いころからそれを読むのが好きだった。それで、教科書を読み込むことも、苦痛ではなかった。知らないことが知れるから、学校の授業も楽しかった。というわけで、勉強は嫌いではなかった。

でも、当時の父親のことは、好きではなかった。母親にも暴力を振るうし、小学生になるかならないかのころからイズミも腹を蹴られたりしていた。イズミの一つ下の妹ミズキ(仮名)も含め、みんな、父親に怯《おび》えながら暮らしていた。

イズミが小二だったある夜、「明日から、学校が終わったら、おばあちゃんの家に帰ってきてね」と母親から告げられた。母親の両親の家は、同じ町内にある。あっ、とうとうお父さんから逃げる決心をしたんだなと、幼心にわかった。裁判を経て、両親は正式に離婚した。父親は娘たちに近づくことを禁じられた。

それから一年ほど経《た》ったある日、母親から知らない男性を紹介された。ああ、新しいパートナーなんだな、と理解した。そのうちいっしょに暮らすようになった。建設関係の仕事をしているようだ。彼は優しくて、面白かった。イズミたちはすぐになついた。そのうち母親と結婚し、正式に親子になった。

イズミは母親が二十歳《はたち》のときの子ども。前の父親とはいわゆるでき婚だった。新しい父親は母親よりも一つ年下で、イズミが中一のとき、三女のユリ（仮名）が生まれる。母親の妊娠と出産を間近に見て、神秘を感じた。親戚一同でユリの誕生を喜んでいる姿を見て、この神秘に自分も関わりたいと思い、助産師への憧れを抱くようになった。

そのためにはまずは高校に行かなくちゃ。勉強は嫌いではなかったし、学校の成績も悪くはなかったが、高校受験勉強にどうやって取り組めばいいのかは、さっぱりわからなかった。

塾に行きたいなと思っていたけれど、家にそんなお金はなさそうだ。食べるものに困るほどではないし、週末のたびに家族みんなでドライブに出かけるお金はあるのだが、高卒の両親の、教育に対する優先順位は高くない。塾に行く意味もわかっていなかったのだと思う。

母親からは「勉強しないとあとで困るよ」「うちは私立はないよ。都立高校に行けなかったら自衛隊だからね」といつも脅されていた。勉強をしておかないと、大学にも行けなくて、いい仕事も見つけづらくて、苦労することがわかっているからこその実感をともなったアドバイスであることは、イズミにもわかっていた。

それなのに、家には頻繁に親戚が遊びに来て、宴会が始まった。勉強机なんてないからちゃぶ台の片隅で勉強をしていると、箸を持ってこいだの、つまみをつくれだの、雑用を命じられる。まだおむつもとれていないようないとこたちの遊び相手まで任される。ちょっとトイレに行っている間に、いとこたちにノートをぐしゃぐしゃにされたり、消しゴムをかじられたりもした。「なんで止めてくれないの!?」と大人たちに文句を言うと、「片付けないからでしょ」と逆に叱られる。自分が勉強したことがないから、勉強できる環境を整える必要性にも気づけないのだろう。

そこに、無料塾。渡りに舟かもしれない。

体験的に授業に参加してみた。無料なのにマンツーマン指導であることにまず驚いた。

さらに、勉強をするだけじゃないことにも驚いた。二時間勉強したあとは、みんなでおしゃべりしたり、ゲームをしたりする。想像していたような厳しさや緊張感はなくてほっとした。妹のミズキも入塾した。

ちょっと人見知りなところもあるイズミだが、よもぎ塾の雰囲気にはすぐになじめた。大人たちが優しいことをいいことに、ミズキはふざけてばかりいたから、姉として恥ずかしかった。「あんた、ふざけてばかりいて高校に入れなかったら自衛隊だからね」と、母親と同じようなことを妹に言った。それでも勉強しないので、ミズキはミズキ、と割り切って、塾ではちょっと距離を置いてふるまった。

毎週日曜日の夜六時から九時が授業。家からちょっと離れていたので、毎回の授業が終わると、おじいちゃんが運転手になって、両親が迎えに来てくれた。

学校の友達に、よもぎ塾のことをたくさん自慢した。

「私、塾に通い始めたんだ」

「えっ、どこの塾？　栄光《えいこう》ゼミナール？　早稲《わせ》アカ？」

「中野よもぎ塾っていうの」

「何それ、聞いたことないんだけど」

「無料塾なの」

「無料塾って何？　え、意味わかんないんだけど」

「無料なのに、マンツーマンの個別指導で教えてもらえて、しかも勉強を教えてくれるサポーターの大人たちもぜんぜん先生って感じじゃなくて、みんなでゲームしたりして、近所のお兄さん、お姉さんと仲良くなれちゃうみたいな感じなの。めっちゃお得でしょ」

「えー、ずるくない!?　私の塾は勉強しかしないし、厳しいし、宿題もたくさん出るし、ぜんぜん面白くないよ。先生、エラそうだしね」

「しかも、夏には合宿があって、それもお金がかからないんだって。交通費も宿泊代も食費もぜんぶ塾が払ってくれるの」

「てか、そんな塾ほんとにあるの？　詐欺《さぎ》られてるんじゃない!?」

「だいじょぶだよ。みんなもよもぎ塾にすればいいのに」


よもぎ塾の入塾資格は、有料塾に通っていないこと、である。ただし、親の収入を提示させるなどの審査は行っていない。塾に通えない事情はさまざまだからだ。貧困だけが理由ではない。極貧というほどではないけれど、子どもを何人も塾に行かせるほどの余裕はない家は多い。

親が子どもの教育に優先的にお金を使ってくれない家庭もある。それをひどい親と言えるだろうか。学校に行かせていないわけじゃない。学校にはちゃんと行って、宿題もちゃんとやっているのに、なぜ塾に行かせなければいけないのか、という理屈である。ひどいのは親ではなくて、塾がないと受験に不利になる社会のほうではないか。

イズミの家は、娘の受験よりも家族の結束が優先という家庭文化だった。週末に家族で遠出をすることも多く、そんなときは「塾は休みなさい」と問答無用だった。しょうがないからイズミは、車の中で教科書を読んだりした。

でももしかして、それって大切なのかもしれない。社会を生きていくうえで受験は避けては通れないかもしれないけれど、そのために家族との時間を犠牲にするのはたしかに本末転倒かもしれない。おかしいのは社会のほうじゃない?

イズミの心の中には、そんな考えもかすかにある。

もちろん経済的に相当苦しそうな家庭の子どもはたくさん来ていた。子ども食堂でお米をもらわないと十分にごはんを食べられないという生徒がいた。どうやら家庭の事情が複雑で、中学生なのにバイトをして家にお金を入れなければならない生徒もいるようだった。もちろん違法なことなのだろう。

癖のある子もいた。いつもスカした感じで、まわりの同級生とも距離をとっている女子。ほんとはみんなの輪に入りたいくせに、孤高を演じてカッコつけている。見ているとイラッとした。

夏合宿で、イズミは彼女にニコッと笑って近づいた。

「袈裟《けさ》固めしていい？　私、袈裟固めするからほどいてみて」

「えっ!?　何言ってんの？　イヤだよ」

「いいからさ、ね」

イズミはおもむろに彼女を床に引き倒し、両腕で肩と首を絞めた。中学校の体育で教えてもらった技だ。

「たすけて〜」

彼女が叫ぶ。見ていたみんなが笑う。

そこだけを見ればいじめだ。でも、その瞬間、何かが変わった。イズミが袈裟固めを解くと、彼女も笑った。それを見て、みんなもまた笑った。彼女はみんなの輪に加わり、リーダーシップを発揮するようになった。ほどなくして「ボス」というあだ名がつけられた。本人もまんざらではなかった。

学校では決して許されないコミュニケーションであろう。でもよもぎ塾には、何においてもさじ加減みたいなところがある。

イズミの目標は、助産師になることだ。そのためにはまず看護学校に入って、看護師の資格をとらなければいけない。そのためには、高校を出ている必要がある。

家から最も近い中堅の都立高校を第一志望にしようと決めた。中三になってよもぎ塾で「Vもぎ」という模試の過去問をやってみたが、だいぶ点が足りないことがわかった。特に英語は一二点しかとれていなかった。学校の定期試験とはわけが違う。焦った。

平日の夜、できるだけサポーターさんに勉強を見てもらうようにした。どうせ家にいてもまともに勉強できる環境ではないから、ファミレスで勉強を教えてもらっているほうがいい。ごはんもおごってもらえるし。

ただし、サポーターさんにも得意不得意がある。自分の苦手分野を克服するために、そこが得意なサポーターさんの予定を押さえる必要がある。LINEを使って、サポーターさんと頻繁にやりとりした。

特に苦手だった英語に関しては、大嶋《おおしま》さんという、エネルギッシュな中年女性のサポーターを頼った。おかげで入試直前の冬休みには、Vもぎで六九点をとれるまでに英語力がアップした。志望校合格が射程圏内に入ってきた。

受験直前の年末年始合宿は、よもぎ塾の代表の大西さんの知り合いが所有する空き家を利用して行われた。朝から晩までぶっつづけで一二時間も勉強する。真面目に勉強しないうるさい生徒も多かったが、やかましい環境で勉強することに、イズミは慣れている。友達がまわりでふざけていても、家で勉強するよりはずっとましだと思って、集中を続けた。

入試直前だというのに自分のすべきことと向き合えない一部の生徒たちに対して、サポーターさんたちも頭を抱えていた。やる気がないんだったらもう教えない！ってキレて、帰っちゃってもいいはずだ。だってボランティアなんだから。でも、誰も自分たちを見捨てなかった。お金を払って通う普通の塾の先生よりもずっと親身に関わってくれていることに、イズミは感謝の念を覚えた。

やるしかない。絶対に志望校に合格して、それを恩返しにするんだ。サポーターさんたちの優しさが、心の支えになっていた。

推薦入試はだめだった。倍率が一〇倍を超えていたからしょうがない。一般入試で合格できた。発表前夜に緊張して眠れないと言っていた母親は、合格発表の掲示板の前で撮った記念写真を、大喜びで親戚中に送っていた。

高校では塾には通わず、週三回ダンス部の練習に参加し、週三回は居酒屋などでバイトし、ときどきよもぎ塾のサポーターもしていたが、オール四の成績がとれていた。最も学費が安い看護学校を自分で探して、ここに行かせてほしいと両親に説明した。両親も、自分のやりたいことをやりなさいと、背中を押してくれた。

無事合格できて、三年後には看護師の資格がとれた。その後助産師の資格をとるための学校に一年間通うつもりだったが、予定を変更して、看護師として就職することにした。コロナ禍での就職活動だったが、看護師はどこも人材不足らしく、すぐに決まった。

ちなみに年子の妹は、最後まで勉強はしなかったけれど、よもぎ塾のおかげでなんとか力相応の都立高校に合格できて、いまは柔道整復師の専門学校に通っている。中学生になったいとこたちもいま、よもぎ塾にお世話になっている。まだ小学生の妹も、そのうちよもぎ塾に通うだろう。教育には疎い両親も、よもぎ塾には足を向けて眠れないと言っている。

就職と同時に家を出て、看護学校時代にバイト先で知り合ったカレシとの同棲《どうせい》を始めた。

暑苦しい距離感の家族からちょっと離れて、自分のペースで生活ができるようになった。毎月ちゃんとお給料がもらえて、自分の好きなように使える。実家にいるときよりも生活レベルは格段に上がった。

いまはしあわせいっぱいだ。何がしあわせって、好きなときに好きなことができること。いまを楽しめること。本を読んだり、お昼寝したり、ときどきよもぎ蒸しサウナに行ったり、そんなことができれば十分。

この先何があるかわからないけれど、いたずらに不安になってもしょうがない。いざとなったら、経済的に太くはないけれど、暑っ苦しいくらいに仲がいい実家の家族とその親戚一同が手を差し伸べてくれるはず。家族って最高に面倒くさい存在だけれども、最高に頼りになる存在でもあるなって思う。

第三章　この世の中にはまだ善意が残っている

無料塾主宰者桃子《ももこ》の場合

日曜日

武史《たけし》（仮名）がトイレを流す音で大西桃子は目覚めた。カーテンのすき間から射す陽《ひ》が高い。壁の時計は、すでに一二時半を少し回ったことを告げていた。

ほっとした。二日酔いにはなっていない。武史が家で待っているからと、昨晩は、自習会あとのサポーターとの飲み会を早めに切り上げたのだった。

よっこらしょ。がたつくパイプベッドを降りて、キッチンの水道からコップ一杯の水を飲む。

「おはよう」

お腹《なか》が空《す》いた、と武史の顔には書いてある。冷蔵庫を開ける。ロールパンと卵とソーセージとトマトでいいか。二人分の食事を用意する。武史はティーバッグの紅茶を淹《い》れてくれた。

武史は桃子の年下のカレシ。だいたいいつも金曜の夜から桃子の住むメゾンラッキーの一〇一号室にやってくる。中野駅近くの下町風情が残る住宅地にある昭和なアパートだ。2Kだが、一部屋は「塾部屋」として利用している。「塾」とは、桃子が主宰する無料塾「中野よもぎ塾」のことである。

先に食事をすませた武史がシャワーを浴びている間に、桃子はスマホをチェックした。フェイスブックを通じて、サポーターの面々から今晩の塾への参加表明が届いている。二五人の生徒とのマッチングを考えながら、桃子もシャワーを浴びた。

桃子がシャワーから出ると、武史はベッドの中でスマホゲームをしていた。桃子の仕事が始まるのを知っているから。せっかくの週末なのにいつもごめんねと思いながら、桃子は濡《ぬ》れた髪のままで眼鏡をかけ、パソコンを開く。

サポーターなら誰でもアクセスできるグーグルドライブに格納してあるスプレッドシー

トを開き、今晩、どのサポーターにどの生徒を見てもらうかを書き込む。あわせてそれぞれの生徒がこの日に取り組むべき課題も書き込む。

中二のダイゴ（仮名）は、ＫＵＭＯＮの教材で英語の助動詞をやっている。先週の授業では、曜日と月のスペルチェックをしてもらったが、曜日は全滅、月も半分くらいしか書けていなかったと、サポーターによる所見欄にはある。中一レベルの遅れを取り戻しながら、いまの学習事項の定着も図らなければいけない。そのバランスが難しい。

巨大なスーツケース二つの中に収めてある教材の山の中から、二五人分の教材を一つ一つ準備する。場合によってはインターネットから教材をダウンロードして、プリントアウトして添える。この作業を終えるころには夕方になっている。

夕方五時半すぎ、和馬《かずま》と慎《しん》ちゃんがスーツケースを取りに来てくれた。徒歩一〇分の距離にある公民館の学習室までそれを運んでくれる。昨晩桃子が帰ったあとも、二人は終電すぎまで飲んでいたらしい。二人とも大手企業の若手社員でありながら、塾の副代表として桃子を支えてくれている。

玄関に武史の靴があるが、そのことには誰も触れない。武史も息を潜めてベッドの中にいる。桃子にカレシがいることは常連のサポーターなら誰もが知るところだが、武史はあんまり表には出たがらない。

桃子も身支度を調《ととの》えて、和馬と慎ちゃんのあとを追う。武史との週末はここでおしまいだ。

「じゃあね。電気のつけっぱなしは気をつけてね！」

「おう！　頑張ってね」

桃子のうしろ姿を見届けてから、武史もメゾンラッキーを出て、自宅に戻る。


よもぎ塾の授業が行われるのは毎週日曜日の夕方六時から九時。近頃は公民館の畳の部屋をよく利用している。生徒もサポーターもばらばらと集まってきて、全体のあいさつもなく、なんとなく授業が始まる。

生徒一人にサポーター一人がぴったりついて、がっつり二時間の個別指導を行う。とはいえ、雑談も多い。生徒たちは、さまざまな背景を抱えながら毎週ここに来ているだけでも偉いので、サポーターもあまり無理強いはしない。

さきほど桃子が記入した担当表と学習予定を見て、自分が誰に何を教えるのかをサポーターは直前に知る。基本的に予習をする余裕はない。生徒といっしょに教材を開いて、初見で教えなければならないことも多い。

塾講師や家庭教師の経験者や元教員もいるにはいるが、ほとんどのサポーターは教育のプロではない。会社員はもちろん、主婦や高校生もいる。数学が苦手でも、数学を教えなければいけないこともある。そんなときは堂々と解答と解説を見ながら説明する。

教える技術はさしたる問題ではない。子どもの「わからない」に寄り添う気持ちが重要だと、よもぎ塾の面々は理解している。

だいたいいつも十分な数のサポーターが集まるので、桃子が直接誰かの指導に当たることはほぼない。生徒一人一人の表情やサポーターとの相性を確認し、そのほかの時間はマッチングに余ってしまったサポーターとおしゃべりしている。やることはなくても、この仲間といっしょにいるのが楽しいからここにいる。そんな感じ。このゆるさがよもぎ塾の特徴でもある。

六時二〇分、フードパントリーのスタッフが来た。

「みんな、フードパントリー取りにいくの手伝って！」

桃子が声をかけると、大人も子どももいちど学習室を出て、フードパントリーの車からそれぞれに紙袋を受け取って帰ってくる。

よもぎ塾には月に一度、フードパントリーからの差し入れがある。生徒の人数分ある紙袋にはそれぞれ、お米、パスタ、缶詰、お菓子などが入っている。

気を取り直して授業再開。サポーターに勉強以外の話題を振って、なんとか雑談に持ち込もうとする生徒もいる。サポーターも意図をくみ取って、ほどほどに雑談に付き合いながら、さりげなくレールをもとに戻していく。

スキンシップに飢えているのか、隣の男性サポーターの体のどこかにいつも接していないと落ち着かない様子の男子もいる。この子はいつもそう。発達障害の投薬を受けており、母親との折り合いもよろしくない。サポーターたちもその子の特性を理解して、その状況を自然に受け入れている。でも、さすがに女性サポーターの体に触れるのはまずいと本人も理解しているので、男性サポーターに甘えることになる。桃子もそれを前提に、毎回のマッチングを考える。

それにしても今年の中三は真面目にやらない。よもぎ塾九年目にして桃子は初めてちょっぴり投げやりな気持ちを経験している。

勉強は二時間でおしまい。最後の一時間はリクリエーションタイムになる。ゲーム大会をしたり、サポーターの仕事の話を聞いたり、俳句を詠む句会をやったりもする。畳の部屋を使用していることもあって、三時間目はまるで部活の合宿の夕食後みたいになる。

もちろん勉強は大事だが、勉強が得意な子もそうでない子も分け隔てなくわいわいがやがや騒げて、それぞれの意外な一面に気づくことができる三時間目こそがよもぎ塾のハートだと、桃子は感じている。

「はーい、今日の三時間目はこれをやるよ～」

八時になると桃子は生徒たちをいくつかのグループに分け、世界地理のプリントを配った。プリントには、世界地図と気候グラフが描かれている。どのグラフがどこの国のどの都市の気候を表したものかを、みんなで相談しながら考える。

海外赴任経験があるサポーターは現地での生活を話してくれる。海外旅行好きなサポーターは、旅の思い出を話してくれる。生徒のほとんどは、海外旅行などしたことがない。それどころか、「ヨーロッパ」がどこかの国の名前だと思っている生徒も少なくない。「おまえ、そんなことも知らないの。ヤバっ」みたいなツッコミがいたるところから聞こえてくる。サポーターも「それはたしかにヤバイ」と、容赦がない。

サポーターは代わる代わる合間を見つけて、グーグルドライブ上のスプレッドシートの所見欄に、その日の指導内容と生徒の様子を記入する。

最後にみんなで答え合わせをして、九時に授業が終了。生徒たちはフードパントリーの大きな紙袋を一つずつ抱えて家路についた。

生徒たちが全員帰ってから、五分間程度で簡単にサポーターミーティングを行う。

日曜日の夜九時過ぎ、公民館から出てきた十数名の老若男女が、静まりかえった下町の住宅地をぞろぞろと歩く。目指すはメゾンラッキー。街灯が、大きなスーツケースを引いている男性を照らす。

「あれ？」

桃子の部屋の灯《あか》りがついている。でも鍵は閉まっている。武史が消し忘れて帰ったようだ。

「ったく、もう……」

桃子が鍵を開けると、男性サポーターたちが勝手知ったる様子でずかずかと中に入り、スーツケースを塾部屋に運び入れる。一応女性が一人暮らしする部屋なのだが、プライバシーも何もあったものではない。

でもそんな状況が、桃子自身も気に入っている。

「明日早いんで、今日はもう失礼します」

五～六人のサポーターが駅を目指した。

残りの七人は、桃子とともに繁華街を目指す。日曜日の九時半過ぎ。駅前の人通りはもうまばらだ。年中無休の安居酒屋の座敷席に陣取ると、桃子の長い夜が始まる。

飲んではいても、気になる生徒の様子、塾の運営の改善策など、塾の話がやはり多い。無料塾のあり方について、ときどき熱い議論が交わされることもある。

日曜日はとことん飲むと決めている。終電までが一次会。でもだいたい毎週二次会になだれ込み、三時くらいまでは飲む。始発まで飲むことも少なくない。毎週月曜日は半休と桃子は決めているが、そのほかのサポーターは月曜日の朝から仕事がある。それでも付き合ってくれる。

生徒たちの間では、ちょっとやそっとのことでは動じない泰然自若としたキャラで通っている桃子だが、サポーターの前では涙もろい。日曜日の夜だけは、生徒たちが経験している理不尽や不遇の環境に憤りと悲しみがほとばしり、みんなの前でぽろぽろと泣かせてもらうことも多い。

ときどき初年度の塾生タツヤ（仮名）を思い出す。

入塾希望の場合は、まず保護者から連絡をもらうのが普通だが、あるとき、中三の男子本人からツイッターのダイレクトメッセージを受け取った。ちょうど空きがあったので入塾してもらうと、壮絶な背景が徐々に見えてきた。

家に親はおらず、祖母と二人暮らしだという。年下のきょうだいが三人いるが、彼らは児童養護施設に入っている。祖母の話によれば、どうやら父親がそれぞれ違うらしい。母親は留守が多く、まだ下の子たちが家にいたころ、彼らの世話は小学生のタツヤがしていた。

母親が再婚すると、タツヤは明確に捨てられた。いっしょには暮らさないことを条件に、高校の学費と三年間の生活費を払ってやると、母親の新しいパートナーに告げられたのだ。高校まで卒業できればあとは一人で生きていけるだろ、という意味だった。

離ればなれになってしまった下の子たちを引き取る方法をタツヤは必死で考えた。一縷《いちる》の望みは、プロ野球選手になることだった。野球には自信があったから。そのチャンスを得るために、野球が強い高校への進学を決意した。それで、よもぎ塾にたどり着いたのだった。

ただ、いっしょに暮らしているというその祖母も実は、アルコール依存症かつギャンブル依存症で、生活力に乏しかった。彼が祖母から与えられていた一日の食費はたったの三〇〇円。三〇〇円だけを置いて、祖母は一日中パチンコ屋に入り浸り、さらには外で酒を飲んで帰ってくる毎日だった。

ネグレクトだと判断した桃子は、悩んだ末に児童相談所に通報した。しかし餓死するレベルでないと介入できないと説明された。一方で、新たな情報を得ることもできた。児相は何年も前からタツヤのことを把握していたのだ。小学生のころ、幼い子ども四人だけで放置されていることが通報され、タツヤだけが祖母に引き取られ、ほかの子たちは施設に入れられたという経緯が見えてきた。

食事がままならなかったせいか、彼は体格に恵まれなかった。小学校の勉強すらおぼつかなかった。それでも野球と勉強の文武両道で、必死にチャンスに手を伸ばした。

日曜日のよもぎ塾が終わるとすぐに、「今週どなたか空いている方いらっしゃいませんか?」とサポーターに声をかけ、「お願いします」「お願いします」と平日夜の個別指導をお願いして頭を下げた。もちろんサポーターもみんなで代わる代わる対応した。これが、よもぎ塾で平日の夜も個別指導を行うようになったきっかけだ。

志望校は寮がある野球の強豪校。学校説明会には母親も来てくれることになったと、彼は喜んでいた。説明会の前日、明日は久しぶりにお母さんに会えるからと、わくわくを抑えきれない様子でいた。

でも、待ち合わせ場所のハチ公前に、母親は現れなかった。そんなこともあろうかと、桃子は学校へのアクセスを細かく教えて、時間になったら一人でも向かいなさいと伝えていたが、時間を過ぎても彼はハチ公前で母親を待ち続けた。

桃子のスマホが鳴ったときには、もう手遅れだった。

「待っちゃいました。すみません……」

何を言ってあげたらいいのかわからなかった。

翌週、桃子が保護者代理として、説明会に参加した。入学すれば寮に入れるものだと思い込んでいたが、入寮できるのは高二以降だという事実を、桃子はそこで知ることになる。帰り道、「高一のあいだは誰といっしょに暮らしたいと思っているの？」と尋ねてみた。彼に希望があれば、そこを説得しようと思っていた。しかし彼の答えは、「自分は家族を選べる立場にないんで……」だった。言わんでもいいことを言わせてしまったと、胸が締めつけられた。

受験料としてとってあったお金は、祖母がパチンコに使ってしまった。振込期限当日になってそれが発覚し、慌てて桃子が立て替えた。

そんな逆境を跳ね返し、彼は見事志望校に合格した。小さな体できつい練習にも耐えた。必死に食らいつき、高三の夏にはついに甲子園出場を果たす。ポジションは、一塁のコーチスボックスだったけれど。

あの小さな体で、ベンチ入りができただけでもすごいこと。桃子は祈るような想《おも》いでテレビを見ていた。いちどでいいから打席に立たせてあげてほしい。その想いが通じたのか、最終回、ネクストバッターズサークルに彼が立った。あと一人出塁すれば彼に代打の機会が回ってくる。しかし、目前で試合は終了した。

プロ野球選手にはなれなかった。でも高校卒業後、彼は大手機械メーカーに就職できた。その翌々年、成人式の写真が桃子のスマホに届いた。

子どもたちを取り巻く問題は貧困だけではない。初年度からそれがわかった。さまざまな事情で、勉強しようにもできない子どもたちがいる。タツヤは異様な強さをもって、自力でよもぎ塾にたどり着くことができた。でも同じような状況でそんなことができる子は、ほんの一握りだろう。彼の背後には、もっと多くの彼がいるはずだ。

ミナミ（仮名）の母親は会話もまともにできないほどの精神疾患を抱えていたが、父親はおらず、福祉につながる術《すべ》もなく、障害者手帳すらもっていなかった。母娘《おやこ》は、社会から完全に孤立していた。母親の叔母が生活保護費支給の手続きだけをとってくれており、そのお金で暮らしていた。

小学生のうちは誰も何もしてくれなかった。でも中学校の担任が彼女の置かれた異常な状況に気づき、学校が動いた。正確には、事態を重く受け止めた校長が、イレギュラーな措置として、動こうと決めてくれた。その一貫として、担任がミナミをよもぎ塾に連れてきた。背の高いボーイッシュな中二女子だった。

よく生きていてくれたという状況だ。ミナミを焼肉に連れて行ったことがある。驚いた。彼女は、肉を真っ黒焦げになるまで焼いていた。ふざけているのかと思ったら本気だった。これまでの人生で、ずっとそうやって食事をしてきたのだという。恐る恐る聞けば、白米の炊き方もでたらめだった。誰からも教わることなく、幼いころからぜんぶ自己流で家事をこなしてきた。

「だって給食のお肉やお米は軟らかいでしょ？　自分のやり方がおかしいと思わなかった？」と桃子は聞いた。「給食で自分が食べているものが何なのか知らなかった」と彼女は答えた。焼肉屋のスープに入っているタケノコを見て、「割りばしが入ってます！」とも叫んでいた。当然、お箸の持ち方もめちゃくちゃだった。

一方で、計画的なお金の使い方も誰からも教えてもらっていないので、ナイキの高価なスニーカーをもっていたりする。その不釣り合いが、歪《ゆが》んだこの社会の残酷さの象徴に見えた。

学校の動きはすばらしかった。まずミナミの家庭を福祉につなげた。母親には障害者手帳が出た。しかし学校のその介入にミナミは反発した。それまでぜんぶ自分ひとりでやってきたのに、いきなりいろんな大人が家に来るようになった。精神保健福祉士さんやケアマネージャーさんが来て、自分に指図する。ヘルパーさんが勝手に母親をお風呂に入れる。郵便物を勝手に開けられることもある。社会のしくみを何もわかっていない彼女は、急激な生活の変化を理解できなかった。

ミナミ本人からどんなに反発され疎まれようとも、担任と校長と養護の先生が、自分たちのプライベートな時間を削って動いていてくれていた。自分たちは信頼されていないからと、ミナミへの精神的なサポートをよもぎ塾に求めた。その姿には桃子も胸が打たれた。

先述の焼肉のエピソードは一二月二四日の出来事だ。桃子のスマホにミナミからのＬＩ

NEが入った。

「クリスマスって何してんの?」

「仕事してるけど」

「いや、桃子さんはそうかもしれないけど、世の中は何してんのって話」

「なんかあったの?」

「冬休みが始まるから友達と遊ぼうと思ったら、クリスマスはみんな家でお祝いがあるって言ってた。ほんとなの、それ?」

「ちょっと待ってて。仕事終わったらいっしょにごはん食べに行こう」

「実はもう近くまで来てる。焼肉を食べてみたい」

桃子のところに来る前に、母親の叔母が営むスナックに顔を出したという。でも三〇〇〇円を渡されて追い返された。これがクリスマスなの? そう思いながら桃子の家のそばまでやって来て、連絡をくれたのだった。桃子の仕事が終わるのを待っている間、ケーキ屋さんに行ってみた。クリスマスケーキというものを食べてみたくって。でも三〇〇〇円では買えなかった。真っ黒焦げに焼いた肉を食べながら、ミナミはその日のそれまでのことを説明した。

焼肉を食べているあいだじゅう、「クリスマスってほんとにあるんだぁ。ドラマとかCMとかでは見たことあったけど、ほんとにあるとは知らなかったわ！」とつくづく感激していた。「クリスマスにあんまり焼肉は食べなくて、ふつうはチキンを食べるんだよ」と教えてあげた。桃子との焼肉が、ミナミにとって生まれて初めてのクリスマスパーティーとなった。

食事をすませると、ミナミは「帰りたくない！　帰りたくない！」と訴えた。桃子が困っていると、「お母さんになって！　お母さんになって！」と言い出した。「それは、なれない……」。桃子には、そう応えることしかできなかった。押し問答は一時間にもおよんだ。結局「丸いケーキは買えなくても、切ってあるケーキなら買えるから、ケーキを買って、おうちに帰りなさい」と諭して帰した。あとで、コンビニで三つ入りのケーキを買ってお母さんと食べたと、LINEで写真が届いた。

ミナミは勉強もまったくできなかったが、高校には進学できた。いまは美容師の専門学校に通っている。あのとき担任が気づいていなかったら、ミナミとその母親はいまごろどうなっていたのだろう。想像すると、ときどき背筋が寒くなる。

大都会の片隅で、誰にもその存在に気づいてもらえていない親子がいる。ミナミだけではないはずだ。

よもぎ塾で出会う子どもたちから、自分が知らなかった世界が自分のすぐ隣にあることを次々教えられる。知識として知っていることと、実際にその子たちに世の中がどう見えていてどう感じているのかを知ることでは意味が違う。毎度衝撃を受ける。

でも、大げさにリアクションしてしまうと、やっぱり自分は特別に不幸なんだと思わせてしまうかもしれない。だから、子どもたちの前ではあくまでも平静を装って対応する。

そのぶん、知らず知らずのうちに桃子の心には重しがのしかかる。それをときどき、サポーターたちの前で、大量の涙といっしょに吐き出させてもらう。

月曜日

泥のように眠った。

目は覚めたけれど、鉛のように体が重い。体、動くかなぁ……。ベッドの中で姿勢を変えるだけでも一苦労である。三時から夕刊紙の取材がある。ずっと横たわっていたい気持ちと格闘しながら、やっとのことでベッドから這《は》い出た。

桃子の本業はフリーのライターだ。週刊誌や夕刊紙、ウェブサイトなどの記事を請け負うほか、年に数冊は書籍のゴーストライターもしている。大学進学にともない、名古屋から東京に移り住み、卒業後、いくつかの出版社を経て独立した。

実家は、貧乏というほどではなかったし、実際私大には通わせてもらえたが、太くはない。子どものころ、いわゆる進学塾に通ったことはない。小学生のころから高校の途中まで、KUMONの算数・数学に通わせてもらっただけだ。

そんな桃子が無料塾を始めたのは二〇一四年四月。行きつけのバーのマスターから、小四の娘の勉強を見てくれと頼まれたのがきっかけだった。小学校は学級崩壊状態で、九九すらままならない子が多いと聞いてショックを受けた。

それならば、個別に家庭教師をするのではなくて、みんなまとめて勉強すればいいじゃないか。それが中野よもぎ塾の生い立ちだ。自分たちの活動を知ってもらう目的で、毎回の授業の様子をブログに書いて発信した。

公民館の使用料や教材費は当然持ち出しである。しかし、二〇一四年一二月、見知らぬひとからメールが届いた。「無料塾というものがあるのを知って感動しました。わずかですが、寄付させてほしい」という内容だった。電気機器メーカーを起業し、一代で上場企業に育てあげた。若いころ、たくさんのひとに助けられた恩を、少しでも次世代に返したいと思っているとのこと。結局、毎月一〇万円の寄付をいただけることになった。

それで、教材も好きなだけ買えるようになったし、博物館や美術館への遠足にも行けるようになった。夏休みに合宿を計画すると、バスのチャーター代とバンガローの宿泊費を丸々出してくれるという。高校受験を終えた中三のディズニーランドへの卒業遠足の費用も全額出してくれた。しかも、「ディズニーランドでは食事もおみやげも高いから」と、生徒一人につき六〇〇〇円、付き添いの大人にまで三〇〇〇円のおこづかい付きだった。

一生懸命やっているのを見ていてくれるひとがいるのだな、世の中捨てたもんじゃないなと、桃子はつくづく嬉《うれ》しくなった。

いまでは年間約三〇〇万円規模の寄付をいただいている。自分の生活費は別にして、よもぎ塾の運営について費用的な不安はない。

鉛のように重い体にむち打って、パスタをゆでて食べた。体温がじわりじわりと上がっていくのがわかる。

三時のアポイントに間に合うように、二時前には家を出る。働き方評論家へのインタビューだった。二日酔い気味であることを悟られぬように、淡々と話を聞く。不思議なもので、ひとと話をしているとお酒の抜けが速い。インタビューが終わるころにはすっかり体も軽くなっていた。

帰宅して、さっそくインタビューのまとめにとりかかる。冷凍しておいた白米をチンしてお茶漬けにして食べ、また書き続ける。気づけば夜一一時過ぎになっていた。

月曜日は休肝日と決めている。飲みに行く代わりに、一時間ほど歩く。

シャワーを浴びてから、日曜日の授業の活動報告をブログに上げる。サポーターたちの所見欄も確認する。まわりの無料塾や子ども食堂やフードパントリーがSNSで情報を発信していたら、リツイートなどして少しでも拡散のお手伝いをする。仕事のメールにも返信しなければ……。そんなことをしていると、そろそろ空が白み始める。

翌日に朝から仕事のアポでもないかぎり、床に就くのはいつもだいたいこれくらいの時間だ。

火曜日

昼過ぎまで寝た。メールやSNSをチェックして、急ぎの仕事だけすませたら、エコバッグを持って家を出る。

週に二回、二駅ぶんを歩いて、安売りスーパーまで買い物に行くのが、桃子の日常生活のなかで唯一といっていい気分転換だ。

一回の買い物の予算は一五〇〇円、一週間で計三〇〇〇円と決めている。やりくりに頭を使うのは嫌いじゃない。塾部屋を開催する場合には、寄付金から一回一〇〇〇円の予算をいただいて、生徒とサポーターのためのまかない飯の食材も買う。

鶏の挽肉が激安だった。これは買い。トマトとニンジンとタマネギも安い。これも買い。お味噌《みそ》も安いけど、まだうちにあったから今日は買わない。あ、そうしたら、奮発してホールトマトの缶詰も買っておこう！　あぁ、楽しい。

今日は、中三のユウト（仮名）が塾部屋にやってくる。担当するサポーターは副代表の和馬。古参サポーターの澤谷も遅れて来る。

日曜日の授業とは別に、桃子のアパートの六畳間で、週二～三回、中三の数名を対象にした個別指導を行う。子どもたちの都合と、サポーターの都合と、桃子の仕事の状況によって実施を調整する。

夕方六時から九時の三時間が勉強。日曜日のようなリクリエーションの時間はない。その代わり、九時からはみんなでごはんの時間となる。普段はてきとうなものしか食べない桃子だが、このときばかりは最低一〇品目を使って栄養満点の食事を用意する。

かつて平日に勉強をみるときは、ファミレスやファストフード店を利用していた。でもそれだと結構落ち着かないし、お金もかかる。それで、桃子が引っ越しをするときに、一部屋をよもぎ塾の学習室として使うことを念頭において物件を探した。そのぶん家賃が上がるのは、塾の運営費として寄付金を使わせてもらっている。

最近では、教材や夏合宿で使用するキャンプ道具などが積み上がり、倉庫の中で勉強しているような状態になっている。最初はもっと広々してたんだけどな。さすがにちょっと片付けないとヤバイな……。

ガチャ。六時前に、和馬が我が物顔で玄関を開けて入ってくる。

「まだユウトは来てないですかね」

「うん、まだだね」

ほどなくして、ユウトもやって来た。

「ちゃんと時間通り来られたね。偉いじゃん」

「えぇ、まぁ。で、今日のごはんは何ですか？」

「お楽しみ」

「えっ、今日はピーマン入れないでくださいよ」

「おいしいのつくるから、しっかりやりなさい！」

四合分のお米を入れた炊飯器はすでに甘い蒸気をふき出している。

この前の授業でやった社会科のテストの間違い直しからやってもらうように和馬にはお願いしてある。

今年の中三男子はとにかく幼い。女子が少ないせいか、男子同士でつるんでだらけっぱなしになる。何度も空気を引き締めようと桃子は試みたが、のれんに腕押しで逃げられてしまう。今日の塾部屋だって、本人が嫌がるのをやっとのことで説得して設定した。来ないんじゃないかとすら疑っていた。

文句を言いながら間違い直しにとりかかるユウトの背中を見ながら、桃子は調理にとりかかる。

ユウトは次に、間違いが多かった分野の問題集に手をつける。

「間違えたところはプリントの裏に書いてみて覚えな」

和馬が暗記の仕方を教える。しかしユウトは、間違えた言葉をいちど頭に入れてから思い出して書くのではなく、一文字見ては裏に書き写し、次の文字を一文字見てはまた裏に書き写す。見たものをそのまま書き写す作業をしているだけで、これでは単語として頭に入るわけがない。

「はぁ……」

桃子は小さくため息をつきながら、鶏肉の肉団子とピーマンを煮立ったトマトスープの中にそっと入れる。

「じゃ、時間だからごはんにしようか」

九時ぴったりにユウトが勝手に仕切る。

ったくしょうがないなぁと思いながら、桃子はどんぶりを運ぶ。

「はい、肉団子のトマトスープ煮丼！」

「わっ、ボリューム多いっすね」

和馬がちょっと引く。

「げっ！　だからピーマン入れないでって言ったじゃん！」

ユウトが抗議する。

「残しちゃだめだよ！」

「えぇ〜〜〜」

遅れて来た澤谷がそこに加わり、みんなで食卓を囲む。生徒とサポーターが一対一になってしまうと、会話が途切れたときに気まずい空気が流れたりする。だから塾部屋を開くときにはできるだけ、複数の生徒または複数のサポーターに来てもらうようにしている。

「そろそろ行きます。ごちそうさまでした」

「今日やったところ、家に帰ってからもういちど書いて覚えるんだよ。ちゃんとやってよ！　次の授業でチェックするからね」

「は、はい……」

「ちゃんとやってよね。約束だよ！」

幼い男子を見ているとつい母親のような口調になってしまう自分に気づく桃子であった。

和馬と澤谷とそのまま家飲みしたい気持ちもあるが、明日明後日で溜《た》まりに溜まった書籍用の原稿を進めなければいけない。

「和馬も澤谷もありがとうね。今日は私、これから仕事なんだよね」

「うん、俺らも明日早いから、もう行くね」

「ユウト、ちゃんとやってくれるかなぁ」

「いや〜、どうだろねぇ」

「またね。お疲れさま」

金曜日

二日間、珍しくほとんど家にこもって原稿を書いていたが、昨晩、塾部屋が終わってからはさすがに集中力が切れて、一人で行きつけのバーに飲みに行った。帰宅したときにはすでに空が明るくなっていた。

「でもまだ一三時か」

いつものスーパーで昨日買ってきたうどんを一袋ゆでてかきこむと、ノートパソコンを開き、メールをチェックする。夜八時のアポイントまで七時間もある。もうひと仕事できそうだ。

スマホを見ると武史からのＬＩＮＥが届いていた。

「今日、面談ある？」

ボランティア希望者の面談は金曜日の夜八時からと決めているのを武史は知っている。

「うん、今日はあるんだ。ごめんね」

「オッケー、わかった。じゃ、今日はナイター見てからそっちに行くね」

二人でたまの外食デートをするのが金曜日の夜のお楽しみだが、面談があるとそうもいかない。そんなとき、野球好きな武史は、球場でナイターを見て時間をつぶしてから桃子の家に遊びに来てくれる。

二人の希望者と、駅前の喫茶店で会うことになっている。一人は出版社を定年退職したばかりという年配の女性、もう一人は男性の学生だ。最近は学生の希望者が増えている。コロナもあって、大学の中でのサークル活動が活発ではないぶん、こういうところにエネルギーを注いでくれているのかもしれない。

このところ、毎月五〜六人のボランティア希望者がやってくる。二〜三人ずつまとめて面談を行う。面談といっても審査のようなものはない。ボランティアを希望する動機すら聞かない。よもぎ塾の考え方としくみとサポーターの役割を説明し、来られるときから来てくださいと告げるだけだ。

よもぎ塾では当初から「先生」でも「講師」でもなく「サポーター」という名称を使っている。上から教えてあげるのではなく、微力ながら下から支える姿勢を表している。

何度か来て、よもぎ塾の雰囲気に合っているひとは残るし、合わなければ自然にフェードアウトしていく。そうやっていま約七〇人がサポーターとして登録してくれていて、三〇〜四〇人がアクティブに参加してくれている。ありがたいことに、サポーター不足で困ることはない。

面談のとき、ときどきやっかいに感じるのは、自分の経験をもとにした教育観でガチガチに固まっているひと。よもぎ塾の説明を聞くのではなく、「俺の教育論」をまくしたてる。それでもよほどのことでないかぎりお断りはしないが、よもぎ塾に合わないのは明白だ。子どもたちの置かれた状況は一人一人違う。自分の教育観よりも、まずは目の前の子どもの言葉にはならない声にまで耳を傾けることが重要だ。

ただし、この九年間ちょっとで桃子の考え方も少しずつ変化している。はじめは低所得家庭の子どもたちを対象に、ただ勉強を教えてあげて、少しでもいい高校に入れるようにしてあげることが正義なのだと信じていた。でも、子どもたちが直面している問題は、塾に行くお金がないことだけではなかった。食べるものに困る状況の子もいるし、発達障害で投薬を受けている子もいるし、不登校の子もいるし、親子関係で心に深い傷を負っている子どももいる。「いっしょに勉強しよう」という立て付けで、彼らのそばにいさせてもらっているだけになることも多い。

機会さえ与えられれば努力ができると思っているひとは多い。桃子もかつてそうだった。でもそれは、恵まれたひとの〝当たり前〟でしかなかった。いくら目の前に勉強の機会があっても、努力ができるような状態でない子どもたちが、世の中にはたくさんいることがわかった。そんな子たちに、「努力不足」「自己責任」なんてレッテルは貼れない。

たしかにどんな高校に行くかによって将来の選択肢が大きく変わってしまうのがいまの

日本型競争社会の現実かもしれない。でもだからといって多感な時期の子どもたちに受験のための努力を一様に求め、日本型競争社会のマインドセットを強く刷り込むことが本当に良いことなんだろうかと、自分たちのやっていることに疑問を感じるようにもなった。しかも、よもぎ塾の生徒が仮に困難から抜け出すチケットを学力によって手に入れたとしても、それは、別のどこかで誰かがそのチケットを失っている事実の裏返しでしかない。自分の目の前の子どもたちを助けているだけでは、社会全体では何も変わっていないことになる。

チケットを増やすにはどうしたらいいのだろう？　「即戦力を」などと経済界は教育にたくさんの要求をする。みんながもっと高校受験勉強を頑張ってみんなの学力が底上げされれば、社会は豊かになるのだろうか。チケットは増えるのだろうか。いや、待って。国際的な学力調査では、日本の子どもたちの学力は常にトップレベルではないか。それなのに、もっと底上げしろというの？　先進国のなかでこの数十年賃金が上がっていないのは日本くらいでしょ？　チケットが足りないのは、雇用の劣化でしょ。これ、教育の問題じゃないよね。

だとしたら、無料塾をやっていることの意味は何？と、無料塾仲間でもよく議論になる。

ミクロには、目の前の子どもたちを少しでも支えたい。その気持ちに嘘《うそ》はないし、少しは力になれているのではないかと思えることもある。でも、マクロでは、私たちは日本型競争社会の先鋭化に加担しているのかもしれない。

桃子自身、自分はワーキングプアなんじゃないかと感じることがある。非正規雇用で出版社に所属していたころ、オーバーワークで体を壊した。アラフォーになってなお、次から次へと原稿を書き続けても、年収は三〇〇万円にも満たない。しかもコロナ禍では、少なくない出版社からギャラの値下げを言い渡された。仕事がなくなるよりはましなので、条件を受け入れるしかない。年収は一〇〇万円ちょっとにまで落ち込んだ。家賃すら払えなくなり、叔父に助けを求めたこともある。そのときばかりは、よもぎ塾の生徒たちより私のほうが貧乏じゃないかと、むしろ笑えた。なんなの?この変な社会。

何年か前、よもぎ塾に優秀な女の子がいた。ちょっと頑張れば比較的上位の都立進学校にだって行ける。「あなたなら大学だって行けるから頑張りなさい」とみんなで励ました。でも本人は「ネイリストになりたいので、専門学校に行きます」と言う。

そもそも両親が高卒だったりすると、子どもが大学進学を望まなくなることが多いというデータを見たことがある。彼女もそのパターンだと桃子は思った。だから、「いや、だめ。専門学校卒と大卒では、将来の収入がぜんぜん変わっちゃうよ。大学に行きなさい」としつこく説得した。まわりのサポーターもいっしょになって説得した。でも、彼女は自分の意志を貫いた。そして本当にネイリストの専門学校に通って、きらきらと生きている。

その姿を見て「私、バカでした」と桃子は猛省した。「これってもしかして、大卒のおごりじゃん!?」。いっしょになって彼女を説得したサポーターも顔を見合わせた。

たしかにこの社会では、大卒と高卒の収入の差は大きい。それがいまの社会の結果である。でもその結果に子どもたちの人生をあてはめていくことが、教育なのか。収入が多いことと、本人が満足できる人生をおくれることはまったく別次元の話だ。そんなことは、毎週ボランティアをしているサポーターの自分たちがいちばんよくわかっているつもりでいた。

それなのに、自分たちだって心のどこかでは、お金を稼いでいるひとが立派で、そうなるためには大学を卒業しておいたほうが有利だという価値観にとらわれていた。要するに、「サポーター」だなんていいながら、やっぱり大卒の自分たちのほうが上で、自分たちと同じような人生を送れるように子どもたちを引き上げようとする気持ちが、無意識的に自分たちの中にあったということだ。

高卒の親に育てられた子どもたちが大学進学を望まないのは、もしかしたら、大学なんて行かなくても、収入はそこそこでも、しあわせに生きていくことはできるということを、実感として知っているからかもしれない。

逆に大卒の自分たちのほうが、大卒というバッジがなければいまの生活はできなかったかもしれないという不安にとらわれているのかもしれない。だからそのバッジにしがみつき、そのバッジがあることで得られた仕事にしがみつき、我慢を重ねて生きていくしかないのかもしれない。

いちどこの競争社会の〝ルール〟を受け入れてしまって、そこである程度の結果を出してしまうと、もったいなくて、それを手放せなくなることがある。それは本当に自由な人生なのか。自分たちだって生きづらさを感じているからこそ、高卒のひとたちに「気の毒なひとたち」というレッテルを貼ることで、自分たちの相対的優位を確かめているのではないか。

看護師になったイズミ（仮名）も、ＩＴ企業に就職したマサヨシ（仮名）も、どちらも大学には行かなかったけれど、すごく元気に、楽しそうにやっている。高卒で建設業に就職したツネカズ（仮名）なんて、すでに桃子よりも羽振りがいい。よもぎ塾を始めて九年以上が経ち、初期の生徒たちが社会に出て活躍する姿を見て、桃子の目からもウロコが落ちていったのである。

同世代の大卒に比べたら、彼らの生涯収入は少ないかもしれない。でもだからといって彼らが、自分たちの〝不幸〟にも気づかないおめでたいひとたちだといわれなきゃいけない筋合いなんてない。むしろ、どんなにいい学校を出ていい会社に勤めていても、常にまわりと自分を比較して、劣等感に苛《さいな》まれたり、マウンティングをとったりするひとたちこそ、日本型競争社会に心底染まりきってしまった被害者かもしれない。

一方で、ヤングケアラーだったタツヤやミナミのような子どもたちが、この大都会の片隅にたくさんいるのも事実である。タツヤやミナミは、よもぎ塾とつながっていなかったら、いま命があったかどうかすら怪しい。本質的に彼らに必要だったのは、勉強で得られる知識ではなく、この世の中にはまだ善意が残っているという手触りだった。よもぎ塾のサポーターたちがいま子どもたちに伝えているのは、勉強の知識以上に、その手触りなのかもしれない。それは、子どもたちへの最大の励ましなのかもしれない。

ただし、そのあたりは無料塾仲間でも意見が分かれるところではある。できるだけたくさんの子どもたちに勉強の機会を与えるだけなら、もっと効率の良いやり方があるのかもしれない。でも、桃子は、よもぎ塾をこれ以上拡大するつもりはない。生徒一人一人をしっかり見るには、二五人が自分の限界だとわかっているからだ。その代わり、よもぎ塾のノウハウと価値観を、これから無料塾を始めようとするひとたちには惜しみなくお裾分けしたいと思っている。誰かの善意が、ひとりでも多くのタツヤやミナミとつながれるように。

定期的に無料塾関係者の勉強会や開業希望者のためのセミナーを開催している。二〇一九年には『無料塾に今、できること』(日本非営利塾協会)という書籍も書いた。書店には流通していないが、Ａｍａｚｏｎでは誰でも買える。よもぎ塾の生徒たちを月一回支援してくれるフードパントリーの広報のお手伝いもしている。

もともとフードパントリーや子ども食堂と無料塾は、やっていることは違っても対象が近いので、手を組むことで相乗効果が得られやすい。ところがコロナ禍の会食制限で、知り合いがやっていた子ども食堂は続けられなくなった。一方、同じくコロナ禍で、よもぎ塾の生徒の保護者から、接客業の仕事がなくなり、収入がなくなり、食べるものを買うお金もピンチだと連絡があった。そこで桃子は、個人でフードパントリーを始めようと思い立ち、Ａｍａｚｏｎの「ほしい物リスト」の機能を使って生徒二五人分の家庭に届ける食料品の寄付を呼びかけた。するとものの一時間で希望の品がそろった。

ただし、困ったことが生じた。大量の食料品をいったんは桃子の家で受け取らなければいけない。仕分け作業もたいへんだ。そこで、子ども食堂の知り合いに相談すると、「だったらこっちでやるよ。子ども食堂ができなくなって、手があいてるから」と言ってもらえた。それで、もともと子ども食堂をやっていた方々が、フードパントリーとして活動してくれることになった。彼らが、月一回、いまでもよもぎ塾に人数分の食料品を届けてくれている。

過酷な現実を前に、福祉の専門家でも教育の専門家でもない寄せ集めの大人たちにできることは限られている。頻繁に、無力感に苛まれる。でも、寄せ集めの大人たちでやるしかない。いや、寄せ集めだからこそできることがあるはずだ。

来月には、難民申請をしたけれど通らなかった、アフリカからやってきた女の子が入塾する。入管法改正が急に他人事《ひとごと》ではなくなった。彼女は都道府県をまたぐ移動が許されていないから、今後はおでかけイベントも、夏の合宿も、都内限定での実施を考えなければいけない。

土曜日

一〇時にセットしてあった目覚ましが鳴る。

昨晩は面談のあと、武史が一一時くらいに家に来た。そこから二人で食事しながら家飲みしたが、三時くらいには寝た。

今日は午後一時から九時まで、自習の時間がある。日曜日の授業とは違ってあくまでも自習。家では勉強ができない子が多いので、落ち着いて勉強できる環境と時間を確保する意味で、公民館の学習室を借りている。中三は必ず参加。中二以下は自由参加だ。

できるかぎりサポーターにも来てもらうが、生徒とのマッチングはしない。取り組む課題も生徒たち任せ。あくまでも家庭学習の延長だ。

年中やっているわけではない。例年、二学期から受験本番までがこのスタイル。一学期には土曜日を利用して、おでかけイベントを企画する。

今年の春にはみんなで鎌倉を散策した。お団子を食べて、大仏を見て、海にも行った。海に遊びに行ったことがない子も多く、特に男子ははしゃいでしまい、着替えもないのに海に飛び込み、びしょ濡れになった。足についた砂を水で洗い落として靴下をはこうとするけれど、せっかくきれいにした足をまた砂の上についてしまうので、何度やっても靴下がはけない。水で砂を洗い落としたら、そのままハンカチで足を拭いて、砂につける前に靴下をはけばいいのだが、たったそれだけのことがわからない。こんなところにも、幼少期の経験の格差があるのだなと痛感した。

一学期のうち、おでかけイベントがなければ、土曜日はだいたい武史と家でだらだらしている。でも二学期になると、毎週が自習日。武史は一日ほっぽらかしだ。

「行ってくるね」

「俺は野球見に行って、今日はそのまま自分の家に帰るから、夜はみんなと飲みに行ってくれていいよ」

「うん、わかった」

自習のあいだに、それぞれの生徒の翌日の授業の課題やサポーターとのマッチングを考えたり、三コマ目のリクリエーションタイムの仕込みをしたりする。悩みや問題を抱えている子とは、自習の合間に時間をとってじっくり話をする。必要に応じて保護者に電話することもある。

自習のあとも、サポーターはみんなで飲みに行くのがお決まりだ。朝まで飲むこともしばしばで、翌日日曜日の授業には二日酔いのまま参加するサポーターも多い。有料塾では許されないことであろうが、よもぎ塾ではお互いの体調を気遣ってフォローし合いながらその日を乗り切る。

仕事や収入や年齢もいろいろで、趣味や特技も違うけど、それでもこうやってひとつになれる仲間がいる人生って楽しいよってことが、子どもたちにも伝わっていると思うので、それもいいんじゃないかって、桃子は思う。

今日も、いつもの居酒屋の座敷席に陣取って乾杯する。何時まで飲み続けることになるのやら。でも、この時間のために生きているような気すらする。

第二部　実例編

第一章　個人が主宰する無料塾

日野すみれ塾（東京都日野市）

都立高校合格を目指しながら人間教育

中学生クラスに入る予定の生徒との面談。代表の仁藤夏子《にとうなつこ》さんが矢継ぎ早に問いかける。

「ボランティアの先生たちは、なんでここに来ていると思う？」

「勉強を教えたいから」

「だったら、なんで普通の塾じゃなくて、ここで教えているの？　普通の塾で教えればお金がもらえるのに。すみれ塾の生徒は、そこを考えなきゃいけない」

「……」

「このひとたちは、お金を出しても動いてくれないひとなんだよ。でも、勉強を頑張る子を応援したいの。だから、みんなの、頑張ってみよう！という気持ちが大事。ここでは、生徒はお客様じゃない。すみれ塾は、みんなでつくっていく場所なんだよ」

「日野すみれ塾」は、仁藤さんが主宰する一教室のみの無料塾だ。上位校と呼ばれる都立高校への合格者も多く、地元では、有料塾にもひけをとらない塾として知られている。一方で、昭和な風情が残る団地の共有スペースを無料で「教室」として利用させてもらっているので、ときどき子どもたちが勉強している横で地域のお年寄りたちが麻雀《マージャン》をしていたりもする。

小学生（小四以上が対象）は月二回、中学生は週一回の教室指導と週二回のオンライン指導が基本。ただし中三の七月以降は、週末にほぼ丸一日の指導が行われる受験生クラスが追加される。試験前は自習室として教室を利用できるようにもしている。

原則として、子ども二人に対して講師が一人つく。それぞれに必要な課題に取り組み、わからないところを教える個別指導のスタイルだ。参加できるボランティアは日によって違うので、毎回の授業で幹部スタッフが顔ぶれを見て割り振る。ただし、受験生にはできるだけ毎回同じ先生をつける。

グーグルドライブのスプレッドシートでそれぞれの生徒の学習情報を共有し、その日やるべきことを授業前に確認する。

小学生クラスは一六時三〇分から一八時。中学生になる前段階として、勉強に慣れることが目的だ。子どもたちは、冷蔵庫のペットボトルから自由にお茶やジュースを注《つ》いで飲んでいいことになっている。にこにこ、のびのび、リラックスといった雰囲気だ。

しかし中学生になると、雰囲気は一転。本気で都立高校合格を目指すための塾であることを明確にしている。先述の面談は、その通過儀礼であり、場合によっては強制退塾もあり得る。

中学生クラスは一八時三〇分から二〇時三〇分。勉強が終わったら、毎回ボランティアスタッフ手づくりのおにぎりとお味噌汁がふるまわれる。食べてもいいし、食べなくてもいい。塾を始めた直後、生徒のなかにきちんと食事がとれていなさそうな子がいることに気づいて始めた。この日は、卒業した高校生が二人自習に来ていて、食事の支度を手伝っていた。

さらにこの日は、フードパントリーからの食料品のほか、近隣の企業から寄付されたというフライパンや水筒やマグカップまでが生徒たちに配られた。生徒たちは大荷物を持っ

写真1　日野すみれ塾の授業風景

て帰宅することに。ちなみに、教室で使用する机も、近隣企業の会議室のおさがりだ。

　おにぎりを食べながらの談笑タイムが長くなり、後片付けを終えた仁藤さんが家路につくのは二三時近くということもしばしば。そんなことができるのも、無料塾としては珍しく、いつでも使える教室があるから。

　教室のいたるところに「凡事徹底《ぼんじてってい》」の塾是が貼られている。高校進学のための学力を身につける以上に「仁藤イズム」とでもいうべき人間教育が行われていることがひしひしと伝わってきた。

　中三の受験生にはユニークな掟《おきて》もある。

仮に推薦入試で一足先に志望校合格が決まっても、一般入試が終わるまでは塾に来て勉強を続けること。一般入試を受ける友達への応援の意味がある。「受かったあとの態度が大事」と仁藤さん。

受験を終えたばかりの中三生二人に聞く。

「推薦入試で合格しましたが、一般入試が終わるまで一カ月、髪を切るのを我慢しました。一般入試の受験生が必死になっている横で、週末は朝から晩まで、浮かれた感じに見られないように気をつかうのが大変でした」

「家の環境を理由に第一志望をあきらめないでほしい。私の家は勉強できる環境ではないので、高校生になってもここに来て勉強すると思う」

大学一年生のボランティア講師Aさんは、すみれ塾に来るようになって、学校以外に居場所があるのはいいなあと感じたと言う。自身、私立中高一貫校に進学するもなじめず、高二で退学。通信制高校を経て、一浪して大学に進学したバックグラウンドをもつ。

大学院進学予定の大学四年生のBさんは、貧困家庭における教育問題の現状を知りたいと思って参加した。困っているひとを助けるための活動だと想像していたが、子どもも大人もお互いに成長できる場だとわかった。将来的に自分でも無料塾を運営したいと考えており、現在は事務仕事などの裏方スタッフとして仁藤さんを支える。

何十個ものおにぎりを握っていたボランティアスタッフのCさんは、「もう年ですから毎回は来られないし、勉強を教えることはできないんですけれど、たまには子どもたちともかかわりたいと思って、自分にできることでお手伝いしています。この子たちは親に言われたわけでもなく、自分たちの意志でここに来て勉強しています。偉いですよね」と感心する。

「いまは子どもの教育に選択肢が多すぎて、世の親御さんたちはみんな悩んで苦しんでいますよね。でも無料塾に来るような子には、選択肢がありません。有料塾には通えないし、家にも勉強できるスペースがなかったりするから、自分はここで勉強するしかないという気持ちになりやすい。先生たちがボランティアで教えてくれているのもわかっているから、その気持ちに応えたいという気持ちも湧きやすい。だから成績も上がるんです。親に言われるままになんとなく高校進学をしている子どもが世の中にはたくさんいるじゃないですか。でも、あんなに必死になって都立高校に向けて頑張っている一五歳って尊敬しませんか?」と仁藤さん。

家庭にも行政にもできないことをする

仁藤さんは現在四〇代。東京都北区に生まれた。幼いころに両親が離婚し、シングルファーザー家庭で、兄と姉と育った。

父親は仕事でほとんど家にはおらず、しかもアルコール依存症気味で、子どもに手をあげることもしばしばだった。小学校に上がるころには、仁藤さんは当たり前のこととして、家族の食事をつくっていた。その他の家事の多くも、仁藤さんに押しつけられた。いまでいうヤングケアラーだ。

家には風呂がなく、銭湯に行くお金もなかった。学校では臭いとからかわれ、先生からも、頭にシラミがいるでしょと言われて不登校になったこともある。

中学校での成績は良かった。でも、高校受験を間近に控えた中三の冬、救急車を呼ぶほどの暴力を姉に振るった父親は、家を出たきり何日待っても帰ってこなかった。

「あぁ、人生終わった」。このときいちど人生をあきらめた。でも、学校の保健室の先生が、仁藤さんのことを見ていた。ポケットマネーで受験料を支払い、都立高校の推薦入試を受けさせてくれた。

都立高校とはいえ、入学の初期費用には三〇万円ほどかかった。学校に相談して、奨学金を借りる手続きを自分でした。高校入学後、父親は帰ってきたが、学費は支払ってもらえず、高校生時代にトータルで六〇万円ほどの奨学金を借りた。

父親の暴力に耐えかねて警察を呼んだこともあったが、何もしてくれなかった。自分たちはつくづく社会から見放された存在なんだと感じて、何度も死のうと思った。でも、中学校の保健室の先生だけは、いつも自分のことを信じて見守っていてくれた。それを裏切ってはいけないという想いが、唯一の抑止力になっていた。先生とはいまでも家族ぐるみの付き合いが続いている。

「親ガチャは完全にハズレです。生まれ変わってもお父さんの子には生まれたくないです。私はなんとか乗り越えられたけど、もう嫌だから。あの先生がいてくれたおかげでいまの私がある。夫がいて子どもも三人いる。贅沢はできないけれど、普通に暮らせていて、十分にしあわせ。この命があって良かったなと思っています」（仁藤さん、以下同）

兄と姉は高校にすら行っていない。あまりに壮絶な家庭環境が悪影響したのだろう。心の病を抱えており、長年治療を受けている。二人とも、現在は生活保護と自立支援を受けながら暮らしている。

「兄と姉を見ていると、もったいないと思います。自己責任という考え方もあるんでしょうけれど、社会的損失ですよね。私の場合は保健室の先生に救われました。子ども時代に、親以外に寄り添ってくれる大人がいるかどうかで、その子の人生は変わるし、社会の未来も変わると思ってます。子育てを家庭だけで完結する怖さも、行政だけでは手が回らない部分があることも、痛感しています」

若いころはバイトをいくつもかけもちして、自分のことで精一杯だった。でも結婚して、子どももできて、お金を稼ぐために時間に追われる生活をすることに疑問をもつようになった。「私たち、お金を稼ぐのはあんまり得意じゃないよね。でも私、貧乏だったから節約は得意。お金稼ぐことに一生懸命になるのはやめて、そのぶんできた心の余裕を社会に還元しようよ」と夫婦で話し合った。

かつての自分や自分のきょうだいのような子どもたちにしてあげられることはないか。子ども食堂でボランティアをしようかなどと考えるなかで、無料塾の存在を知った。ピンときて、すぐに見学に行った。直感的に「これ、私もやりたい！」と思った。

はじめは公民館のようなところを借りようと思っていたが、地元の自治会の方々に相談したところ「それなら公共スペースを使えばいい」と提案してもらえた。中学生を教える自信はないので小学生のみを対象にしようと当初は考えていたが、ボランティア講師を募集したらいきなり東大生が来てくれた。それで中学生もやってみることにした。

二〇一七年一一月、日野すみれ塾がスタートした。

無料塾を貧困と結びつけすぎてしまうのも問題

始めた当初は平気で授業を休む子どもたちがいた。お金を払っていれば親も「せっかく月謝を払っているんだからしっかり塾で勉強しなさい」と言うけれど、無料だと「まあ、いいか」となりやすい。だからいまでは、すみれ塾の生徒であるためにはお金を払う以上の責任をともなうことを最初の面談で口を酸っぱくして伝えるようにしている。

公的な施設を借りて運営されている無料塾が多いなかで、いつも決まった場所で授業を行えることがすみれ塾の特徴だ。場所取りをする手間もお金もかからない。いちいち教材を持ち運ぶ必要もない。何より、そこが子どもたちにとってなじみの場所になる。いつでも使える場所があることは、無料塾にとっては大きな財産だ。

一方、そこにデメリットがないわけではない。

「場所がわかっちゃっているからこそ、あそこに通っている子は貧乏なんだって言われることがあるみたいです。子ども食堂も同じですよね。本当に支援が必要なひとたちほど引け目を感じて足を運びにくい構造があります。支援を求めるって、その手前で、自分の弱い部分を認めるという作業が一個必要なんです」

ある程度同情してもらえないと支援が集まりにくいという現実がある一方で、メディアが無料塾を貧困と結びつけすぎてしまうことにも問題があると仁藤さんは指摘する。

すみれ塾の入塾条件は、有料の塾や通信教育を受けていないことと本人にやる気があることの二つのみ。収入は問うていない。戸籍上は両親がいても実質的にはシングルマザーだったり、大きな借金を抱えていたり、病気で治療費がかかっていたりと、塾代を払えない背景には収入だけでは計り知れないさまざまな理由があるからだ。

「収入などのわかりやすい判断基準で区切るのではなくて、個別のケースに寄り添って個別の判断ができるのが、公的資金に頼らずに民間の力でやることのいちばんのメリットじゃないかと思います」

外国籍のシングルマザーに育てられている子どもたちもいる。

「そもそも日本社会の常識を知りませんでした。時間通りに塾に来ることから教えなければいけませんでした。母親は日本語がほとんど理解できないので、学校や病院や役所とのやりとりもできません。私が何度も付き添いました。食べるものにも事欠いているようなので、せめてすみれ塾にいるときはと思って、私の判断でこっそり夕食を食べさせていました。たいへんだったけど、無事都立高校に進学してくれたときには嬉しかったですね」

現在の生徒数は中学生と小学生をあわせて約三〇人、講師数は約二〇人。子どもたちの勉強を見ること自体にはさほどお金はいらないが、勉強だけでは心は育たないからと実施しているBBQ大会や合宿、卒業遠足などのイベントにお金がかかる。年間の運営費用は約一〇〇万円。企業からの助成金や個人からの寄付金が頼りだ。

支援が必要な子どもたちに自分たちの存在を知ってもらうことが目下の課題。

「都立上位校への合格者を多数出しているので、教育意識の高いご家庭の間ではすみれ塾の存在が広く認知されてきましたが、本来手を差し伸べたい、教育のことを考える余裕すらない困窮家庭ほどリーチしにくいのももどかしいですね」

学校との連携も模索している。

「家で勉強ができる環境が整っていることを前提に学校は課題を出しますよね。でも実際には、家事の負担が重くて学校の提出物に手が回らない子どもがいます。彼らにとってはそれが当たり前だから、家事がたいへんで課題ができませんでしたとはいちいち言いません。しかも課題の多くは単に時間のかかる作業であって、本質的な勉強ではありません」

しかしそれで内申点が決まってしまう。

自分の力ではどうにもならないさまざまな事情を抱えている子どもたちをできるだけ多く受け入れたい。でも、限界がある。ふがいなさを覚えることはあるが、そんなときは「自分は神様じゃない」「ただ淡々と手の届く範囲でやるしかない」「何もしないよりはまし」と自分に言い聞かせる。最初は悩んだが、ようやくそう割り切れるようになってきた。

「だからこそ、無料塾が増えてほしいですね。家にお金があるとかないとかに関係なく、学校以外の場所でも学びたいと思っている子どもたちが誰でもいっしょに学べる場所が地域ごとにたくさんあったらいいと思うんです」

親や学校の先生以外の大人から見守られ、学校以外の友達を見つけられ、いっしょに学び、いっしょにすごせるところ。そういう居場所にどんな子どもでも簡単にアクセスできて、さらに余裕があるなら習い事をしてくれてもいいし、ハイレベルな勉強がしたければ大手進学塾に通ってくれてもいいという多層的な社会のあり方を仁藤さんはイメージしている。そういう社会なら、仮に家庭環境に恵まれなくたって、学校になじめなくたって、そのダメージを小さくできる。

「その点、無料塾という言葉がよくないんですよね。単に有料塾の機能を無料にしただけだと思われちゃうから。でも、無料学習会だと不定期のイベントみたいに見えちゃうし、学習支援という言葉だと支援が必要な弱者というレッテルを貼ることになっちゃうし……。なんかいい言葉ないですかね」

無料塾という形態にはこだわらず、地域のなかに子どもの居場所を増やしたい。そこで仁藤さんは、すみれ塾の卒業生たちに声をかけて、子どもがつくる子ども食堂も始めた。

無料塾を中心として地域社会が再生

「無料塾に来るような子どもたちは、たいへんな境遇ではあるけれど、かわいそうではない。子どものころから強く生きる力を与えられている、選ばれし勇者みたいに私には見えます。私たちは勇者のお供です」

子どもたちはここで純粋な愛や優しさや思いやりを受け取っている。それをいつか誰かに分け与えられるひとになってねと、卒業に際して必ず伝えている。

「私だって二〇代のころは、自分のことしか考えていませんでした。六本木でわーわー、きゃーきゃー、やってましたよ。でも三年くらいそんなことをしていたら飽きたんです。無料塾をやっていると、お金で動かせないひとと出会えて、お金で買えないものの価値の偉大さに頻繁に触れられます。人生において大切なことって、それじゃないですか？」

現在仁藤さんは、夫と三人の子どもと都営住宅で暮らしている。夫には一七時の定時で上がれる仕事に就いてもらっている。仁藤さん自身も週三回、事務のパートに出ているが、それでも、平均世帯年収よりだいぶ少ない収入でやりくりしている。たとえば子どもたちが着るものはほとんどすみれ塾の生徒のおさがりだ。フードパントリーからお米やパスタももらっている。

「私が一方的に支援しているわけじゃないんですよ。私が病気で倒れちゃったときには、保護者のみなさんがうちの玄関まで代わる代わる食事をもってきてくれました。私が教室にいるときには、いちばん下の三歳の子を、自治会のおばさんが見てくれます。みんなでそれぞれがもっているものを出し合えば、そんなにお金が必要じゃなかったりする」

無料塾を始めた仁藤さんの周辺に、ちょっとお醤油を借りられる関係のような、いちどは失われたかつての地域社会が再生しているように見える。

「人間の三大欲求といわれる食欲にも性欲にも睡眠欲にも限りがありますけど、金銭欲と名誉欲には限りがないんで、そこにとらわれちゃうと蟻《あり》地獄《じごく》ですよね。そういうものをほしがるように仕向ける呪いのような教育をしないでほしいです。無料塾は、そこにストッパーをかける存在でもあると思います。無料塾は善意だけで成り立っている空間なんです。そんな空間、ほかにありますか？　学校の先生だって、塾の先生だって、病院の先生だって、お金をもらっているからやらなきゃいけないという側面が必ずありますよね。でも無料塾にはそういう側面がいっさいありません。少しでも嫌なら来なくていいわけで。そんななかで子ども時代をすごせるってすごくいいことだと思いませんか？　低所得家庭だけじゃなくて、すべての子どもたちにこの環境を提供したいです」

二〇二三年の都立高校の合格発表のあと、仁藤さんは、普段はつっぱっているように振る舞うことが多かった男の子とＬＩＮＥでやりとりした。「僕は愛されています」と返信があった。

「親以外の存在から愛されている実感を経験してもらえたことが何より嬉しかったですね、本当に……」

思い出しただけで感極まり、仁藤さんは目頭を押さえる。

「親との関係に問題があったとしても、別のところで愛を感じられることが子どもにとってはすごく大事です。私にとっての保健室の先生がそうだったように」

次章では、小さなNPO（非営利組織）が複数の教室を展開するスタイルの無料塾を訪れてみよう。

第二章　ＮＰＯが独立で運営する無料塾

八王子つばめ塾（東京都八王子市）

中三を中心に都立高校受験対策

「年に三回くらい、本当に落ち込むことがあるんです。でも、そういうときに限って、たまたま乗った電車の中で昔の生徒にばったり会ったりする。頑張れよ！って声をかけると、先生も頑張って！って言われて、もう言葉以上のものを受け取ってしまって……。あぁ、きっと無料塾の神様ってのがいて、励ましてくれてるんだなって感じます。僕ほど無料塾の神様に愛されているひとはいないと、勝手に思ってるんです」

腹の底から出てよく響くダミ声で、「八王子つばめ塾」の代表・小宮位之《こみやたかゆき》さんが無料塾を熱く熱く語る。

小宮さんは、行政には頼らない独立型の無料塾運営のパイオニア。第一部の舞台である中野よもぎ塾の大西さんや前章の日野すみれ塾の仁藤さんにノウハウを提供したのも小宮さんである。

いままで開設に関わった無料塾は四〇を超える。多教室を構える関西つばめ学習会や東海つばめ学習会も小宮さんの系譜。小宮さん自身、八王子つばめ塾のほかに、東京つばめ塾と淵野辺つばめ塾も運営している。

八王子つばめ塾だけでも、元横山教室、南大沢教室、八王子駅前教室、北野教室の四教室がある。教室は、市の施設を借りるほか、病院やお寺や企業が所有する施設を利用させてもらう場合もある。いずれも小宮さんの活動に共感した地域の方々からの申し出による。公的な施設の使用が不可になったコロナ禍では特に施設の提供がありがたかった。

八王子駅前教室を覗《のぞ》いた。この日の教室はお寺が所有する建物の一室だった。ホワイトボードの脇に、大きな仏壇がある。三月下旬ということもあり、生徒は中二が五人だけ。小宮さんのほかに、ボランティアの講師が二人いた。

指導は生徒二人に対して講師一人が原則。教室によって指導を行う曜日や回数が違うが、

写真2　八王子つばめ塾の授業風景

八王子駅前教室は週三回オープン。中三の受験生はそのなかから週二回を選択して通い、それぞれ数学と英語を学ぶことになっている。夏以降は国語、理科、社会のクラスも設ける。中三への受験指導がメインなので、中二の受け入れは例年夏以降にしている。

「志望校から逆算したカリキュラムというよりは、学校の勉強でできてしまった穴を埋めていく意味合いが大きいですね」（小宮さん、以下同）

少しでも偏差値の高い高校へというよりは、とにかく都立高校への進学を目指すので、推薦入試対策にも力を入れている。作文添削のみならず、大学教員や一般企業の会社員など、外部のひとにお願いして、面接の練習も行う。

「卒業を祝う会では、卒業生の一人が、『中学校の友達はみんな、塾（一般的な有料の進学塾）に通うのが嫌だとよく言っていたけれど、僕はつばめ塾に通うのが嫌じゃなかった』と言ってくれました。親に言われて塾に通わされているんじゃなくて、本人が主体的にここで一生懸命やろうと思っていたということですよね。それを聞いて、嬉しかったですね」

教材の質や指導力では有料塾にかなわないかもしれない。でも無料塾には、本人のやる気を引き出す構造的な力がある。

「先日の『お米お配り会』には、都立高校に合格を決めた生徒が親子で来てくれました。入試前はだいぶナーバスになっていましたが、そのときは、自信に満ちあふれた明るい顔をしていました。受験を通して成長したことがよくわかります。一八〇校ほどある都立高校のなかから、いわゆる中堅校ですけれど自分で志望校を選んで、自分なりの試練を自分なりに乗り越えた経験の賜物《たまもの》でしょう」

みんなからすごいと言われるようなトップ校に合格したから得られる自信とはまた別に、自分なりの試練を自分なりに乗り越えたことで得られる自信というものもある。前者は相対的だが、後者は絶対的だ。長きにわたって人生を支えてくれるのはおそらく後者の積み重ねである。

「高校生になった卒業生が、アルバイト代のなかからなけなしの二〇〇〇円を寄付してくれたこともあります。お世話になったからって。そんなに嬉しいことはありません。寄付金はすべてが尊い。金額の大小はあっても、そこに貴賤《きせん》はありません」

入塾の条件は、家庭が経済的に困難であること、ほかの塾や家庭教師に習っていないこと、本人に勉強するやる気があることの三つのみ。基本的には都立高校受験を目指す中二・中三が対象だが、大学一般入試を目指す高三へのサポートにも応じている。

正社員の立場をなげうって無料塾に専念

「無料塾は、僕の人生そのものです。無料塾と出会う前の人生は、そのための助走期間だったように感じています」

小宮さんは一九七七年、東京都心に生まれ、幼くして八王子市に引っ越した。父親の年収は一五〇万円程度。貧乏だった。それでも父親は地域の少年野球のコーチを二五年間続けていた。もちろんボランティアだ。

地元の中学校では勉強ができるほうだった。当時の学区のトップ校も狙えたが、鶏口牛後《けいこうぎゅうご》の考えで、あえて二番手校に進学した。お金がないからと、大学進学は親に反対された。祖父母にお願いして授業料を出してもらうことで、私立大学に進学できた。授業料以外の費用については、日本育英会（現日本学生支援機構）の奨学金を借りた。四年間で二二五万円の借金ができた。

大学では教員免許をとった。しかし卒業した二〇〇〇年当時は教員採用が少なかった。私立高校の非常勤講師として四年間勤めたのち、映像製作会社に転職する。カメラマンの見習いではあるが、正社員になれた。

二七歳の春、アフリカのウガンダで起きていた内戦を取材した。いわゆる少年兵たちの置かれた状況を目の当たりにして、毎晩ホテルのベッドで号泣した。生まれた国が違うだけで、人生がここまで違ってしまっていいのか。「いまはカメラマンの見習いだけど、いつか将来、世の中を一ミリでも二ミリでも良い方向に変えていける人材を育てよう。そうでなければこの子たちに申し訳ない」と誓った。その後も世界各地を取材した。人々が謙虚さを失うと格差が広がる。それを食い止めるには、思いやりと感謝の気持ちが大切だと痛感した。

二〇一一年三月一一日に起きた東日本大震災の一〇日後には、被災地に赴いた。悲惨な状況を目の当たりにしたのち帰ってきた東京では、住民たちがたかだか一日数時間の計画停電に不平不満を募らせていた。それを見て、わけのわからない感情が渦巻いて、抑えきれなくなった。

「何か、いいことしたいな」

無性にボランティアがしたくなった。教員免許を活《い》かしてできるボランティアはないかとネットを検索した。フリースクールがたくさんヒットしたが、ピンとはこなかった。画面をスクロールしていくと、五～六ページ目に「国分寺無料塾」という文字を見つけた。

「無料塾!?」

経済的に困窮する家庭の子どもたちに勉強を教えるボランティア。そんなすばらしい活動をしているひとたちがいるのか！と、まるで雷に打たれたような衝撃を覚えた。

「これだ！」

貧困家庭に育った経験も、教員免許をもっていることも活かせる。自分にぴったりのボランティアだと感じた。しかしサイトをよく見ると、授業は毎週土曜日とある。土曜日は取材で地方にいることが多い。だめだ……。

悶々《もんもん》とするまま約一年がすぎたころ、義母が某私立大学の寮として貸していた物件がシェアハウスになると聞いた。机もホワイトボードもそろっている。そこを利用すれば自分で無料塾を始められるのではないか。それならば会社員をしながらできるのではないか。義母に思いの丈を伝え、施設の一部を無料で使わせてもらうことになった。

半年の準備期間を経て、二〇一二年九月一日に八王子つばめ塾をスタートする。開塾から半年後には映像製作会社を退職し、無料塾に専念することを決めた。妻と子ども三人の食《く》い扶持《ぶち》はアルバイトをかけもちして稼ぐ。決して楽ではない。「俺はなんでこんなことをやっているんだろう？」と自問自答することも多かった。

地元の中学校の校長が全校生徒にチラシを配ってくれたこともあって、たった一年で生徒が五〇人くらいにまで増えた。二〇一三年一〇月にはＮＰＯ法人格を取得し、二〇一九年一一月に認定ＮＰＯ法人になった。

それまでは常に七〇人以上の生徒を抱えていたが、コロナ禍でその数が減少。いまは約二〇人。そのぶん小宮さんが直接子どもたちにかかわれる時間が増えた。ボランティアスタッフは約四〇人。うち約三〇人が講師として指導にあたる。

直近の年間予算は約八〇〇〇万円。うち六〇〇〇〜七〇〇〇万円が個人と企業からの寄付金で、残りは財団などからの助成金だ。

およそ一〇年の試行錯誤を経て、中学生を対象にした無料塾の形はある程度できあがった。今後は高校生を対象にした支援の方法を模索する。

「つばめ塾に命はかけてないし、家庭も捨ててはいませんが、自分の人生はかけています。それができる自分はしあわせだと思っています。思えば、自分が貧困家庭に育っていなければ、無料塾は絶対につくっていなかったでしょう。貧乏でも子どもたちのために野球を教える父親のうしろ姿を見ていた影響も大きかったはずです。だから両親には心から感謝しています。貧困で苦労はしましたが、両親を恨んだことはいちどもありません」

小宮さんの奮闘記は著書『「無料塾」という生き方』（ソシム）に詳しい。

エリートの視点と現実のズレ

出身家庭の経済格差が子どもの学力格差につながり、それが学歴格差につながり、子どもが大人になったときの経済格差を再生産する社会構造が指摘されている。

現実として、社会はそういうしくみだから、つばめ塾では経済的に恵まれない子どもたちに勉強を教え、進学をサポートする。でもその目的は、塾生たちを競争社会における〝勝ち組〟に仕立て上げるためではない。誰かを〝勝ち組〟に押し上げても、そのぶん別の誰かが〝負け組〟になってしまうのでは社会は良くならないからだ。

つばめ塾の理念は、「現実に生徒の学力を高めてあげて、世の中を立て直したい」。ここでいう「世の中を立て直す」とは、「自分さえ良ければいい」「お金さえあればなんとかなる」という価値観を離れ、「自分もいつか人の役に立てるような人になりたい」という青少年を育てること。

〝勝ち〟も〝負け〟もない社会をつくるメンバーとして、卒業生を世に送り出したいのである。

「つばめ」という名称には、いつかまたこの巣に戻ってきてほしいという想いを込めている。単につばめ塾にときどき遊びに来てほしいと言っているわけではない。ボランティアの方々の力を借りたという自覚を胸に、いつかボランティアする側になってほしいという意味だ。つばめ塾でボランティアするのでもいいし、別の場所で別の形のボランティアでもいい。

卒業生たちには社会で活躍してほしい。その姿を見て後輩たちが「お金がなくても将来は開けるんだ」という希望をもってほしい。ただし、この場合の「活躍」とは、社会的に高い地位に就くとか、お金持ちになるとかいうことではない。大切なのは「自分で納得できる、イキイキとした人生を自分自身が歩むこと」「少しでも他のために尽くせる精神をもち合わせること」の二点だ。

小宮さんの活動に共感し、支援を申し出てくれる企業や財団には、いわゆるエリートと呼ばれるようなひとたちも多い。彼らと話をしていて、認識にズレを感じることも少なくないと、小宮さんはもらす。

「誰かがお金を出してあげて、勉強ができる環境を整えてあげさえすれば、あとは本人の努力次第で誰でも難関大学に入れるはずだと思ってるひとも少なくありません」

でも実際には、勉強で成果が出やすい子と出にくい子がいる。

「それって、裏を返せば、環境を与えられたのに結果を出せなかったひとは自己責任だという理屈につながりかねませんよね」

ちょっと力を貸してあげれば東大にでも入れちゃうダイヤの原石のような、ものすごいポテンシャルをもっている子どもを見出《みいだ》して磨き上げる機能を無料塾に期待しているひともたまにいる。

「貧困家庭に生まれても、勉強ができる子はできるから、大丈夫なんです。困っている子が無料塾にやってきます。そこがボリュームゾーンです。一部のダイヤの原石だけをエリートに育て上げても社会としてはだめだと思うんです。それはそれで大事ですけれど、僕がやろうとしている無料塾の社会的意義はそこではありません」

ペーパーテストで序列化される学校システムあるいは進学システムのなかで、家庭環境なのか、努力できる状況なのか、勉強に対する才能なのか、なんらかの条件がそろわなかっただけで、まるで人間としてだめであるかのような自己像を刷り込まれ傷つく子どもを減らす。それさえできれば、現在の世知辛い世の中のムードもだいぶ変わるのではないだろうか。

内戦下のウガンダに生まれた子どもたちが誘拐され、少年兵にされてしまい、人生を狂わされるのが理不尽であるのと同様に、生まれた家庭環境によって将来の選択肢が極端に狭められてしまうのは理不尽だ。それは運でしかない。

逆にいえば、教育競争に勝ち続け、学歴社会の王道を歩み、高い社会的地位を得ることもまた、運でしかない。本人の努力は欠かせないが、前提として、たまたま恵まれた時代、国、家庭に生まれるという運によってたまたま得られた力を元手にして、はじめから有利な立場で競争に参加していただけだからだ。

無料塾の現場を見ればわかる。世の中には、努力できる状況にすらない子どもたちが現実にたくさんいることが。努力できることですら贅沢品になりつつあることが。

「これは教育問題ではなくて、社会問題ですよね。でも社会問題という言葉を使うことにも若干の抵抗があります。貧困家庭の存在自体が問題であるかのような印象を与えてしまうから。問題というよりは、みんなで取り組むべきテーマという感じですよね。このテーマを、世の中のひとたちにもできるだけ知ってもらいたいから、私はできるかぎりメディアにも出ています。塾生の保護者にも取材協力をお願いすることがあります。自分たちに見えている風景を語る勇気が、社会を変える力になるはずです」

行政からの委託は受けない

つばめ塾を始める際に、ただ子どもたちに勉強を教えるだけではなく、二つのことに挑戦することを、小宮さんは自分自身に誓った。

一つは奨学金制度を設けること。勉強はできても、お金がないことにはどうにもならない場面がたくさんあることを小宮さん自身が経験しているからだ。もう一つは無料塾を全国に広げる活動。自分一人でリーチできる子どもたちの数には限りがある。でも無料塾仲間を増やせば、それだけ多くの子どもたちに手が届く。

現在五種類の奨学金を用意している。「中学生奨学金」として中学生の通塾生には毎回の交通費を全額支給している。バス代が払えないからという理由で週一回しか通えない生徒がいたからだ。つばめ塾出身の高校生の希望者には「高校生奨学金」として月三〇〇〇円を支給している。交通費に使ってくれてもいいし、部活のものを買うのに使ってくれてもいい。なんらかのボランティア活動に従事する大学生には、月二万円の「大学生奨学金」を支払う。つばめ塾でボランティアする大学生ももちろん対象で、少しでも安心してボランティア活動に従事してほしいという想いを込めている。「資格チャレンジ奨学金」は、英検や漢検の受検料を全額支給するもの。塾生であれば誰でも申請できる。「教科書奨学金」は高校入学時と大学入学時に二万円を支給する制度。すべて返済は不要だ。

そのほか、希望する塾生には毎月米一・五キログラムとパスタ五〇〇グラムを渡している。希望する卒業生にもお米を配る。

無料塾の輪を広げるために、八王子つばめ塾のサイトには「無料塾を立ち上げたいと思う方は、ぜひご連絡ください」というページがある。そこから週一件のペースで問い合わせが入る。その一つ一つに小宮さん本人が応じる。

そのページには「私も思いついてから数ヶ月で立ち上げ、実際に始めることができました」とある一方で、よくある質問に対しての回答が用意されている。サイトから抜粋する。

Q. NPO法人になったら、行政から、いくら補助がでるのでしょうか?
A. 一円も出ません。設立しただけで補助してもらえるということはありません。

Q. 子どもたちへの学習支援事業を始めたら、国からいくらもらえますか?

A. 学習支援事業をしているだけでは補助金が出ることはありません。学習支援事業を、国が行うことはありません。あるとしたら、市区町村になります。そこに国の補助費が出ます。市区町村は、通常「委託事業」の形で学習支援を行います。

ですので、個人的に無料塾を立ち上げて、補助費が出るということはまずありません。八王子つばめ塾は行政からの委託事業、補助金助成金は一切受け取っておりません。全て個人や会社からの寄付金で成り立っております。(これからも受託事業を受ける気は一切ありません。)

ですので、委託事業を受ければお金を得ることは可能ですが、何の実績のない団体にいきなり委託することはありえないので、数年間は手弁当で運営して、それで認められれば委託事業に応募するというステップを踏むことになります。

やろうと思えば、公民館の学習室の使用料を持ち出すくらいで始められる。小さく始めて、寄付金が増えたらその規模に合わせて活動を大きくしていけばいいというのが小宮さんの考えだ。

ただし、いくら行政からまとまった資金がもらえるとしても、「受託事業を受ける気は一切ありません」というのが小宮さん個人の確固たるポリシーでもある。ここは、無料塾の性格を分ける大きなポイントだ。第一部の中野よもぎ塾も、前章の日野すみれ塾も小宮さんと同じポリシー。一方、次章以降に紹介する三つの無料塾には公的な資金が投入されている。ちなみに、小宮さんが最初に見つけた国分寺無料塾は現在、国分寺市社会福祉協議会からの委託を受けたNPO法人「一粒の麦」によって運営されている。

小宮さんが行政からの受託に否定的な理由は主に二つある。一つは、公的資金に依存していると、自治体の方針が変わったり、別の業者に委託した場合に、事業が継続できなくなるリスクが高まるからだ。過去には実際にそのような例があった。もう一つは、「いい意味でのえこひいきがしにくくなるから」と小宮さんは言う。どういうことか。

無料塾では、各家庭の状況に応じた臨機応変なサポートが必要だ。いま、たとえばフードパントリーからの食料を配付する場合にも、単に塾生の頭数で割るのではなくて、それぞれの家庭の事情を勘案して、多めにお米やパスタを渡したりしている。しかし税金が投入されてしまうと、その使い道には制約がかけられたり透明性を求められたりする。それが足枷《あしかせ》になり、必要なところに、必要なときに、必要な支援ができなくなる怖《おそ》れがある。

公的支援からこぼれ落ちる子どもたちに手を差し伸べたいのに、無料塾自体が公的支援制度の一部になってしまっては本末転倒だということだ。

完全独立でやるのと、行政とタッグを組むのと、それぞれの立場にメリット・デメリットがあり、一口に「無料塾」といっても、どちらのスタンスに立つかによって社会的意義が変わってくるはずだ。

最後に小宮さんから読者へのお願いがある。

「無料塾を支援する方法は四つあります。勉強が得意なら、勉強を教えるボランティアをやってみてください。お金に余裕があれば、どんなに少しでもいいので寄付をしてくださ い。土地や建物を所有していたら、場所を提供してください。場所の確保は無料塾にとってとても大きな問題です。勉強を教える自信もお金もなくても時間があるなら、事務スタッフとしてボランティアしてみてください。ちょっとでも関心をもち、かかわりをもってくれれば嬉しいです。どんな形であれ、無料塾の子どもたちやスタッフにかかわるうちに、ご自身の生き方も変わっていくのを感じるはずです」

次章では、行政とも広く連携する大手ＮＰＯによる無料塾を見る。

第三章　大手ＮＰＯが多面的に展開する無料塾

キッズドア（首都圏および東北地方）

受託事業と自主事業を合わせて八四拠点

二〇二二年度の事業報告書によれば、無料学習会の拠点数は八四カ所、生徒数は合計二〇三〇人、ボランティアの人数は一三八四人。無料塾界隈《かいわい》では最大手といっていい。キッズドア全体で、寄付金は約二億三一〇〇万円、助成金は約九四〇〇万円、受託事業収益は約四億六七〇〇万円だった。

理事長の渡辺由美子《わたなべゆみこ》さんは、二人の子どもを産んだあと、夫の仕事の関係で一年間イギリスに住んだ。イギリスでは子どもの教育にほとんどお金がかからないことを知り、びっくりした。帰国して、東京の下町に暮らした。家に遊びに来た息子のクラスメイトと話していて、その子がシングルマザー家庭であることを知った。夏休みでも母親は働きづめで、どこにも行けない。兄とふたりでずっと家にいる。だから渡辺さんの家に入り浸るようになる。

こんな子がいるんだ……。そう思って気にしてみると、彼一人ではなかった。自分にできることはないか。子どもたちを支援する団体を探してできる範囲でお手伝いしようと考えた。しかし二〇〇四年や二〇〇五年という当時、そのような活動をしている団体は見つからなかった。普通はそこであきらめる。でも渡辺さんは違った。二〇〇七年、自分で団体をつくることにした。二〇〇九年にはNPO法人格を取得した。

夏休みにどこにも行けないような子どもたちは、体験が少ない。それでは将来の夢や希望をつくりづらいのではないか。それで、落語や墨絵《すみえ》など、日本文化に触れる無料体験イベントを企画した。

新卒で百貨店に就職し販売促進を担当、結婚・出産してからはフリーランスのマーケティングプランナーとして細々と仕事を受けていた。だからイベントの企画には多少なりとも勘所があった。しかし渡辺さんの狙いは外れた。夏休みにどこにも行けないような子どもたちのために企画したのに、参加してくれたのはブランドもののバッグを持った母親に連れられてくる、裕福で教育熱心な家庭の子どもばかりだったのだ。

困っている子どもたちに手を差し伸べるには、待っているだけじゃだめ。こちらから行かなければいけないんだ。そうわかった。そこで、公立小学校内にある学童保育に学生ボランティアとともに参加して、ちょっとした体験イベントや学習会を実施した。それが新聞に載り、経済的に困っている子どもたちを支援する団体としてキッズドアの名前も記載された。

すると翌日、事務所に三〇件ほどの電話があった。すべてひとり親家庭の親だった。「高校受験を控えているが、塾に通わせてあげられないし、自分では教えられない。勉強を見てもらえないか」という依頼ばかりだった。そこにニーズがあることがわかった。

二〇一〇年八月の五日間、新宿にある某企業の会議室で、中三を対象にした無料の高校受験対策講座を開くことにした。都下の一八区三市から約六〇人の子どもたちが参加した。学生ボランティアは約二〇人集まった。その後も毎週日曜日にその会議室で対策講座を開いた。これがキッズドアとして初めての無料学習会「タダゼミ」の生い立ちだ。

大きな手応えがあった。一方で、やってみて気づいたことも多い。

家に子ども部屋なんてない。学習机だってない。親に勉強を教える余裕はないし、そもそも「勉強しなさい」とすら言われていない。中学校の成績がオール1の子もいた。そんな子でも、タダゼミでちょっと勉強して、定期試験で三〇点でもとれるようになると、嬉しそうな表情を浮かべる。大学進学なんて考えていなかった子どもたちでも、大学見学に連れて行くと自分たちが通う地元の中学校との雰囲気の違いに驚いて、大学に行きたいと言うようになる。

彼らだって勉強の必要性は感じているし、可能なら、勉強ができるようになりたいと望んでいる。自分はバカだと思い込まされてきた子も多いが、頭が悪いのではなく、勉強をしていない、いや、勉強ができる環境になかっただけなのだ。

より多くの子どもたちが気軽に通えるように、この活動をもっとたくさんの地域で実施する必要性を感じた。外資系企業の支援を受けて児童養護施設での学習会も開催した。世田谷区のひとり親家庭支援施策の一環として、学習支援にも加わった。二〇一一年の東日本大震災のあとには、東北での学習支援活動に乗り出した。高校生向けに「ガチゼミ」という学習会も始めた。

しかし厚生労働省が子どもの貧困率を初めて発表したのが二〇〇九年。貧困家庭の子どもたちが身近にいることへの社会的認知は低かったので、寄付金は集まらない。手弁当では限界がある。そこで渡辺さんは行政とのより強固な連携を模索した。

二〇一三年に「子どもの貧困対策の推進に関する法律」と「生活困窮者自立支援法」が成立。貧困対策としての学習支援を国が推奨し、自治体が学習支援事業に予算をとるようになった。実は生活困窮者自立支援のための制度設計に関しては、渡辺さんも有識者として加わり、学習支援の必要性を訴えていた。

キッズドアは自治体による学習支援事業を受託する形で活動を拡大していった。それにともない、大手ＮＰＯとして社会的認知も得て、寄付金も集まるようになった。それで、新たな自主事業にも挑戦できるようになってきた。

すべての子どもに夢や希望を

現在、タダゼミは「キッズドア学園中等部」、ガチゼミは「キッズドア学園高等部」に名称を変えている。キッズドア学園中等部八丁堀校を訪ねた。雑居ビルの七階。もともと

写真3　キッズドア学園中等部の授業風景（キッズドア提供）

はキッズドアの事務所として使われていた。看板は出ていないので、ここで定期的に学習会が行われているとは誰も気づかないだろう。

会議室用のデスクを向かい合わせて四人掛けの島が四つできており、デスクの中央には、飴やクッキーなどのお菓子が置かれている。子どもとボランティアはマンツーマンだが、二組四人が向かい合わせで座っているので、担当ではないボランティアと生徒が会話する様子も見られる。教室は広くはないが、そのぶんアットホームな温かさが感じられる。

中三を対象に、毎年五月から学習会が開講する。毎週日曜日の一二時から一六時。前半二時間は学校の宿題に取り組む時間。後半二時間は高校受験用教材「フォレスタ」の数学と英語を用いて受験に向けての準備を行う。子どもとボランティアで相談しながら、その日取り組む課題をその都度決める。夏休みと冬休みには、それぞれ三日間の講習も行う。

定員は一五人で、現在は一二人の生徒がいる。入塾条件は、ひとり親家庭であること、多子家庭であること、または住民税非課税世帯であること。有料塾との併用は認めていない。二〇二二年度は一三人の生徒がおり、一一人が都立高校へ、二人が私立高校へ進学した。

ボランティア登録者は約一〇人いるが、毎回必ず来てもらうという条件で時給を出すアルバイトも二人いる。責任者はキッズドア職員のOさんだ。Oさんは大手学習塾での勤務経験があり、青年海外協力隊としてアフリカでの教育支援に従事していたこともある。

「ひとなつっこい、いい子が多いです。ひとり親家庭の子どもが多いですが、ごく普通の子どもたちです。だけど、日曜日に週四時間ここで勉強するだけではなかなか成績は上がりません。日ごろから家でも勉強する習慣ができるように働きかけることが課題です。学力の幅が大きいので、子どもによって対応を変えなければいけないのも難しいところで

写真4　キッズドアみらい塾の授業風景（キッズドア提供）

す」とOさん。

「みらい塾」という自主事業もある。生活協同組合の「コープみらい」の地域貢献事業の一環として、コーププラザ新中野という施設を無償で使用させてもらえることになり、二〇一五年に始まった。

小四から中三を対象に、隔週土曜日の一四時から一六時に開催される。ボランティアによるマンツーマンで、主に学校の宿題に取り組むが、中三については塾用教材を使用して受験指導も行う。学習会がない土曜日には受験生を対象にオンラインでの指導も行っている。

現在の生徒は小学生八人、中学生一八人。広い会議室を使わせてもらっているので、ほとんどの希望者を受け入れている。経済状況は確認するが、有料塾との併用も認めている点がユニークだ。ボランティアは約二〇人体制で、キッズドアの担当職員が二人ついている。

私が訪れたときには、一二人の子どもに対してボランティアが一四人。体調不良で参加できなくなった子どもがいるために、〝失業〟してしまったと笑う男性ボランティアは、定年を間近に控えて何か新しいことを始めたいと思ってみらい塾に関わるようになったと教えてくれた。現在はキッズドアの職員として現場を取り仕切るYさんも、もともとはみらい塾のボランティアだった。

キッズドアのボランティアは、はじめに約九〇分の研修を受ける。そこで、ボランティアとしての心構えや、学習会でのルール、緊急時の対応などのほか、外国にルーツをもつ子どもや発達障害がある子どもへの理解、日本の低所得家庭の状況なども学ぶ。

キッズドアは、外部の学習支援団体にも無料でボランティア研修を提供している。「すべての子どもに夢や希望を」の想いを共有する仲間を増やしていくためだ。「ボランティアの方々もいいひとばかりでありがたいです。やりがいがありますし、何よりボランティア自身の世界が広がりますから、より多くの方に参加してもらいたいです」とYさん。

一方でYさんはみらい塾の運営に関して「勉強をするだけではなくて、ときどきイベントのようなこともできるとさらにいい雰囲気になると思うのですが、予算に限りがあり、思うようにやってあげられないのがちょっともどかしいですね」ともらす。

子どもたちが帰ったあとのボランティアミーティングは約一時間におよんだ。毎回のことらしい。一人一人の生徒について、どんな様子でどんな学習を行ったのかを報告するとともに、今後どんな教材を使ってどんな学習に取り組むべきかだとか、何気ない会話のなかで気になることだとかについても事細かに話し合われていたことが印象的だった。

コロナ禍が時計の針を巻き戻してしまった

そのほかの自主事業に、「Ｅｎｇｌｉｓｈ　Ｄｒｉｖｅ」と「ＳＢＣメディカルコース」がある。Ｅｎｇｌｉｓｈ　Ｄｒｉｖｅはグローバル社会を生きるスキルとしての英語力向上のための学習支援。ＳＢＣメディカルコースは医療系進学を目指す高校生と浪人生のための無料学習支援だ。団体の認知拡大とともに、ここまでピンポイントなニーズに対応したサービスが提供できるようになってきた。

しかしコロナ禍が時計の針を巻き戻したと渡辺さんは指摘する。

「二〇一三年以降の一時期は、国の貧困対策の制度設計はいい感じで進んでいました。少子化傾向のなか、東京都では都立高校無償化に加えて私立高校無償化も実現したことで、都立高校入試は緩和傾向になり、高校受験対策の学習支援は縮小していってもいいかもしれないとすら思っていました。でもその矢先、コロナです。非正規雇用者やシングルマザー家庭など、社会的弱者ほどダメージを受けました。不登校も増えています。この状況は東北の震災のときと似ています。東北での支援の経験から、子どもたちへの影響は数年後に表面化することがわかっています。再び無料の学習支援の必要性が高まってきたのを感じます。実際、いままでとは違う層の子どもたちが学習支援に来るようになりました。もともと学力の高い子どもたちです。親の収入が減って、塾に通えなくなったのです。コロナの影響はしばらく続くでしょうから、少なくとも二〇三〇年くらいまでは、社会として、無料学習支援に重点的に力を注ぐべきです」

二〇二二年の総務省家計調査によれば、コロナ禍以前の二〇一九年と比べて、学習塾などの「補習教育」の額が世帯年収によって二極化していることがわかった。年収二〇〇万円以上五五〇万円未満の世帯では軒並み減少している一方で、年収一二五〇万円以上一五〇〇万円未満の世帯では約六割も増えているのだ。それを報じる「東京新聞」の記事で渡辺さんは、「教育費の削減は最後の手段。そこに手を付けざるを得ない家庭が増えている。本人だけでなく日本全体にとっても損失だ」と訴えている。

渡辺さんは、今後は受験対策や教科学習だけでなく体験型プログラムにも力を入れていきたいと考えている。これまでに、オリジナルTシャツデザインを通したIT講座、ものづくり体験、社会人ボランティアによるキャリア講座などの実績がある。将来に対する夢や希望が芽生える土壌づくりである。キッズドア設立当初の目的への原点回帰ともいえる。現在は約三〇〇〇人を超える登録者を擁する「ファミリーサポート」というしくみもあり、必要な家庭に直接情報を届けることも可能になっている。

ここまでは一般のボランティアスタッフによる学習支援活動を主に見てきたが、次章では、プロ講師による集団指導型の公設民営無料塾を訪ねる。

第四章　大手教育系企業による公設民営無料塾

足立《あだち》はばたき塾（東京都足立区）

Z会グループの企業が難関校対策のノウハウを提供

「残りの時間で二五ページの問題をやってみようか。設問は三つしかないね。六分間計ります。スタート！」

約七〇人の生徒たちが一斉に国語の読解問題にとりかかる。タイマーをセットした女性の講師は、時折冗談も交えながら笑顔を絶やさない。

最後部の机には、一週間分の課題や学習記録、家庭学習の手引きなど、生徒たちからの提出物が並んでいる。講師やサポートスタッフが手分けして、これに一つ一つ目を通す。

写真5　足立はばたき塾の授業風景

足立区「こども支援センターげんき」の五階にある大きな研修室にいる。この施設で毎週土曜日の午後、足立区による公設民営の無料塾「足立はばたき塾」の授業が行われる。

一四時一五分から一六時二〇分までが希望者を対象にした特別講座。隔週で、国語一二〇分または理科六〇分＋社会六〇分の授業がある。一六時三〇分から二〇時三〇分までは塾生全員が受ける数学と英語の定期講座。それぞれ一〇〇分ずつの授業だ。特別講座は大きな研修室に一堂に会して行われるが、数学と英語の定期講座は、全生徒約一〇〇人を習熟度別の四つのクラスに分けて実施される。

各授業の最初の一〇分間はホームルーム的な時間で、連絡事項や学習への取り組み方についての話が各講師からある。

「授業を受けているだけでは成績が上がりません。はばたきでできるだけ材料をもって帰って、家でコツコツやるしかない」

数学の講師が真剣なまなざしで語りかける。その他の講師も「楽に成績を上げる方法はない」「勉強に近道はありません」と口をそろえる。その後、数学では因数分解、英語では文構造の単元に、それぞれとりかかった。

それぞれの授業の最後にはその日の学習内容の定着度をチェックする確認テストが行われ、間違えたところはその日のうちに直して理解して帰ることになっている。終了時間はいつも二一時一五分くらいになる。

つまり特別講座からの出席者は、七時間ほぼぶっつづけでの学習となる。それでも教室には緊張感が張り詰めており、私語やおふざけをする様子はほぼ見られない。

授業の進め方、講師の口調、教材、教室の様子……どれをとっても一般的な集団指導型の進学塾とまったく変わらない。足立区の学力定着推進事業を、エデュケーショナルネットワークという民間企業が受託する形で運営されている。

エデュケーショナルネットワークはZ会グループの企業で、同グループには栄光ゼミナールを運営する株式会社栄光もある。同社は教材の開発・販売、講師の派遣、広報支援などを通して、主に塾や学校の支援事業を行っている。その公民連携推進室という部署で、行政による進学支援事業を受託しており、現在、首都圏だけでも二〇近くの区や市で同様の事業を請け負っている。

はばたき塾の講師もエデュケーショナルネットワークから派遣されており、当然プロばかり。定期講座の各クラスには、生徒約二五人に対して主担当と副担当の二人の講師がつく。担当が途中で変わることも原則ない。そのほかにサポートスタッフが二人いる。現場責任者の原島梓《はらしまあずさ》さんは、エデュケーショナルネットワークの社員だ。以前は栄光ゼミナールで教えていたが、グループ内公募制度を利用して自らの意志で公民連携推進室に異動した。生徒たちから見れば、実質的な塾長だ。

足立区教育委員会学力定着推進課長の田巻正義《たまきまさよし》さんは「そもそも現状の高校受験制度や受験勉強のあり方に問題がないのかといった声も決してなくはないのだろうと思います。しかし、受験というゴールに向けて正しく努力する方法を示してもらえるのが、プロの先生たちの指導が受けられる意味だと思います」と言う。

主教材にはエデュケーショナルネットワークの「新演習」シリーズを使用する。栄光ゼミナールをはじめとする一般的な進学塾で広く使用されている定番の教材だ。毎週末の授業のほか、一〇日間の夏期講習と五日間の冬期講習もある。基本構造としては、一般的な集団指導型進学塾とほとんど変わらない。

違うのは時間の使い方くらいだ。通常の進学塾であれば、週に数回通塾するが、はばたき塾の授業は土曜日のみ。さらに、一般的な進学塾では約一二カ月間をかけて終わらせる中三用のカリキュラムを、約一〇カ月間で消化しなければいけない。はばたき塾の開講が毎年四月であり、一般的な進学塾の新年度開始から約二カ月間遅れ、中三進級時の春期講習もないからだ。

また、前章まで見てきたようなボランティアベースの無料塾との大きな違いは、生徒の相互交流を図るリクリエーション的要素や生活支援的要素、居場所的要素がほぼないことだ。生徒たちは純粋に、受験勉強をしにくる。

誰も取り残さず、意欲のある子はさらに伸ばす

二〇二三年度で、はばたき塾は一二年目を迎える。区のパンフレットには、「進学塾での指導経験豊富な講師が、難関高校等への合格をサポートします!」とある。つまり、学力上位層向けの無料塾だ。

過去には日比谷や戸山など都立最難関校にも合格者を多数出しており、たびたびメディアでも取り上げられる。二〇二二年度は、いわゆる都立上位進学校とされる進学指導重点校、進学指導特別推進校、進学指導推進校および国立の高校に合計三二人の合格者を出した。

入塾の対象者の条件は、足立区立の中学校に通っていること、家庭の事情により塾等の学習機会が少ないこと、成績上位で学習意欲があること、難関高校への進学を目指していること。そして所得審査と学力診断がある。足立区が定める就学援助規定の一・四倍までの所得の家庭に限られる。定員に余裕はあっても一定以上の学力がなければ入塾は認められない。二〇二三年度は約一二〇人が学力診断を受け、九〇人が合格。残りの定員一〇人

については二次募集をかけることになった。

事前の説明会や入塾時のオリエンテーションでは、現場責任者がかなり厳しいことを言う。やるからには覚悟を決めて入ってほしいと強調する。毎週の課題も多く、「宿題が終わっていないから行きたくないと言っている」と、保護者から相談の連絡が入ることもある。毎年一〇人程度は途中で抜ける。

「学力が低い子どもたちについては自分たちが責任をもって教える。せっかく学力が高いのに塾などに通えずに十分に学力を伸ばしきれていない子どもたちをなんとか支援してやってほしい」という区立中学校の教員たちの声から、二〇一二年にはばたき塾は始まった。いわゆる「吹きこぼれ」対策である。

数年おきにプロポーザル形式で公募して委託事業者を決定する。二〇一五年からはエデュケーショナルネットワークが受託している。

ちなみに、東京都は「受験生チャレンジ支援貸付事業」を行っている。高校受験生または大学受験生を対象に、上限二〇万円まで学習塾受講料を貸し付け、入学すれば返済は免除される。また、いわゆる「塾クーポン」を発行する自治体もある。これらは町中の学習塾を受験生が自ら選んで通うしくみだ。

「はばたき塾のように区（行政）が学びの場を直接設置・運営するいちばんのメリットは、区の思いや考えを事業の形に落とし込み、実現できる点だと思います」（田巻さん、以下同）

はばたき塾の対象は学力上位層だが、足立区ではそのほかにも幅広い学力層のニーズにそれぞれ応える支援を用意している。基礎学力の定着を目的とした支援にはたとえば、小一段階で日本語の流暢《りゅうちょう》な読みの獲得を目指す「ＭＩＭ（多層指導モデル）」や、小三・四を対象に授業中別教室で個別指導を行う「そだち指導」がある。中学生対象には、「中１夏季勉強合宿」「英語チャレンジ講座」などが用意されている。ＧＩＧＡスクール構想（文部科学省が進める学校のＩＣＴ環境拡充プロジェクト）が進展するなか、ＡＩ型ドリル教材の活用も進めている。学力上位層向けには年三〇回の指導で英語の四技能を伸ばす「英語マスター講座」もある。

もちろん学校の授業の質向上がベースにある。教科指導専門員がすべての区立小学校・中学校を巡回し、「足立スタンダード」にもとづく授業実践のアドバイスを行っている。「足立区学力定着に関する総合調査」という独自の学力到達度調査も実施し、授業改善や個別指導に活かしている。

誰も取り残さず、意欲のある子どもはさらに伸ばす。そのなかに、はばたき塾もある。

逆に、そのような土台があるからこそ、低所得層の家庭からもはばたき塾に通えるだけの学力を身につけた子どもが育つともいえる。地域の子どもたちを広く面でとらえて個別の状況に応じた支援ができるのが、行政が無料塾に乗り出すことのメリットだといえそうだ。

「進学実績が出ている点は、はばたき塾のわかりやすい成果といえると思いますが、それだけではなく、ここで努力した経験そのものが、将来の生きる力につながるという実感を、生徒たちがもってくれていることが、卒業後のアンケートなどを見るとわかります」

区は、はばたき塾に年間約三一〇〇万円の予算をつけている。区民の税金によって自分たちが有料塾と遜色ない指導を受けられていることを生徒たちも当然理解している。

「区民のみなさんに感謝しなさいと、講師の先生たちも口を酸っぱくして伝えてくれています。主権者教育ではありませんが、地域社会の意味を、生徒たちは感じてくれていると思います。実際、区で募集するボランティアに、はばたき塾の卒業生が応募してくれることもあります」

一一年の歴史のなかで、マイナーチェンジをくり返している。もともとは数学と英語の二教科だけで始まったが、国語、理科、社会についても希望者対象の特別講座としてあとから追加した。推薦入試対策の面接練習や作文指導でも応援する。都立高校入試に新たに加わったスピーキングテストへの対策も早急に考えなければいけないと田巻さんは言う。
エデュケーショナルネットワーク公民連携推進室長の伊藤克行《いとうかつゆき》さんは、いかに保護者を巻き込んでいくかが今後の課題だと言う。昨今は中学受験だけでなく高校受験も親子の受験といわれるようになっており、日ごろの学習の取り組みにもっと保護者にかかわってもらえるように促していきたいとの考えだ。親子で参加することになっている事前説明会においても、保護者の積極関与を強調している。進学先選びに関しても保護者の情報をアップデートする必要がある。

本来、はばたき塾は必要か?

足立区では、学校の授業力向上のために、秋田県大仙市《だいせん》との交流を行っている。文部科学省が行う「全国学力・学習状況調査」で、秋田県は常にトップクラスの成績を残している。その秋田県の取り組みから学ぼうという趣旨だ。
「いまでこそ秋田県は学力トップで有名ですが、一九五六年から一〇年間にわたって行われていたいわゆる旧学力テストでは、最下位クラスでした。そこから全国を視察してヒントを得ながら地道に教育を改善し、そのなかで育った子どもたちが親になり、二世代、三世代という世代交代を経て、教育意識の高い県に成長したそうです。そういう長期的な視点でも地域の教育力を底上げしていきたいと思います」と田巻さん。

それだけの長期的視点に立てることも、行政が運営する無料塾のメリットといえる。

一方で田巻さんは「本来、はばたき塾は必要なのか？という問いは常に自分の中にあります」とも告白する。

現在の受験システムにおいては塾の存在が欠かせないという現実の上に無料塾が次々と誕生している。でも考えてみれば、塾に通わないと競争の土俵にも上れないような受験システムが長く続いていること自体がそもそも問題であり、はばたき塾が必要とされる社会は本質的に何かがおかしいのではないか。だとしたら、本来すべきことは、はばたき塾をつくることではなくて、おかしな社会のほうを変えることではないか。そういう問いだ。

この視点をさらに敷衍《ふえん》してみる。仮に全国の自治体がはばたき塾のような無料塾を設置したと仮定してみよう。何が起こるか。

全体として学力は上がるだろうが、高校入試が得点を争う選抜である以上、その競争が、学校を離れたところでさらにハイレベルになるだけだ。それをくり返せば、子どもたちの負担は青天井で増えていく。そこまでして子どもたちを競争に駆り立てなければいけない社会とは何なのか。

それならば、あくまでも極論であるが、いっそ中国のように進学塾を全面的に禁止してしまうほうがまだましである気すらしてくる。「塾アリ」で競争条件をそろえるのか、「塾ナシ」でそろえるのかの違いだ。

当然全体の学力は低下するだろうが、受験に役立つだけの学力が低下したところで社会としてさほど痛手でもないだろう。さまざまな経験をしなければならないティーンエイジャーの貴重な時間が受験勉強に奪われ続けていくことのほうが、社会的損失としては大きいとも考えられる。

教育委員会の仕事は、本筋的には、学校の教育力を向上させることである。しかし本筋と現実のあいだで、はばたき塾が存在している。はばたき塾に限ったことではない。無料塾とは宿命的に矛盾をはらんだ存在なのだ。

第二部の最後となる次章では、教育における地域格差を是正する意味合いが強い、学校併設型公設公営の無料塾を紹介する。

第五章　自治体が学校に併設する無料塾

ゆずも塾ジュニア（栃木県芳賀郡茂木町）

中学校に併設された町立の公営塾

山荘のような木造の校舎が特徴的だ。栃木県芳賀《はが》郡茂木《もてぎ》町立茂木中学校に来た。町の人口は約一万一〇〇〇人。六五歳以上の高齢者の割合は四割を超えた。学校統廃合によって現在、茂木中学校は町内唯一の中学校となっている。

校舎のいちばん手前に、町民なら誰でも利用できる多目的ホールがある。そこが、町立公営塾「ゆずも塾ジュニア」の「教室」だ。茂木中の生徒なら誰でも無料で利用できる。ちなみに「ゆずも」とは、茂木町名産のゆずをモチーフにしたゆるキャラの名前である。

写真6　ゆずも塾ジュニアの授業風景

　この日は春休み中にもかかわらず、一六人の中二生がいた。講師二人が教室を巡回し、進み具合を確認したり、個別に質問に答えたりする。何に取り組むのかは生徒自身が決めることになっている。多くの生徒は学校から出された春休みの宿題に取り組んでいるようだった。実質的には塾というよりは、プロのチューターがいる自習室である。

　タイマーが鳴る。

「はい。では、いまから一〇分間の休憩ね」

　講師の一人は宇都宮市の進学塾で約二〇年の指導歴があるベテラン。学校からどんな課題が与えられているかを把握しており、数学でも理科でも、生徒からの質問に即座にわかりやすく答える。

途中、ジャージを着た男性が教室に入ってきた。中学校の教員らしい。親しげな様子で生徒たちの手元を覗き込む。数学の方程式に取り組んでいた女子生徒のところで立ち止まり、おもむろに指導を始める。

「ほら、ここにこれを代入するとどうなる？　こうすればできるだろ」

生徒との距離が近いのはわかったが、数学の先生にしては教え方が雑だ（失礼！）。あとで聞けば、美術の先生らしい。

午前中に部活があり、一三時から塾で勉強して、帰宅する。一五時三〇分まで塾を利用できるが、自分の課題が終わったら好きなときに帰っていい。ただし、春休みでスクールバスがないので、徒歩や自転車での通学が難しい地域に住んでいる生徒は、保護者に迎えに来てもらう。

ゆずも塾ジュニアは二〇二二年一〇月に中三を対象にスタートした。二〇二三年度からは全学年を対象とする。学期中の利用時間は、一六時一〇分から一八時まで。町内には民間の高校受験対策塾が二つあり、民業圧迫にならないように時間設定を配慮した。学年ごとに曜日を分けて利用することになる。

高校魅力化支援会社に一部業務を委託

順序としては、町内にある栃木県立茂木高校の公営塾「ゆずも塾」が先。その約一年後に「ゆずも塾ジュニア」が町立の茂木中につくられた。なぜ町が塾をつくったのか。いきさつを、茂木町教育委員会の堀江順一《ほりえじゆんいち》さんに聞いた。

「茂木高は特例対象校に指定されています。一学年一六〇人以上という栃木県が示す適正規模を満たしていなくても、地域にとって必要なので特例的に存続させるという意味です。県立高校ではありますが、町から高校がなくなることを町民のみなさんも望んでいません。町としても茂木高を盛り上げるために、包括連携協定を結んで、キャリア教育のお手伝いをしたりしていました。さらにできる支援はないかと模索していたところ、高校に公営塾を併設して実績を上げている事例があることを知りました」（堀江さん、以下同）

その事例の草分けが、島根県隠岐《おき》郡海士町《あまちよう》の県立隠岐島前《どうぜん》高校だ。いわゆる過疎の島。地域おこしの一環として、町内唯一の県立高校の魅力化に取り組んだ。探究授業などの先進的な教育を取り入れるだけでなく、学校の近くに公営塾を開設し、安価で利用できるようにした。進学実績は急伸し、町も活気づいた。地域おこしの成功モデルとしてメディアにも大きく取り上げられ、いまも全国からの視察が絶えない。

「茂木高に公営塾をつくって、そこで茂木中の生徒たちも学べるようにしたかったのですが、県立高校の施設で町立中学校の生徒たちが学ぶことには批判も多く、断念しました」

近隣の高校も定員割れが常態化しているなか、茂木中の生徒を茂木高が囲い込む構造になることに対する批判だ。というわけで、中学生向けの公営塾は町の施設の中につくるしかなかった。その点、茂木中には町民に使用が開かれている多目的ホールがある。そこを利用すれば話は早いというわけだ。

ただし、公営塾を始めるにしても、ノウハウがない。そこで、隠岐島前高の魅力化プロジェクトにもかかわった人物が代表を務め、全国で三〇以上の公営塾立ち上げおよび運営支援の実績がある、高校魅力化プロジェクト専門の支援会社プリマペンギーノに力を借りることにした。プリマペンギーノは、講師募集・採用・研修およびプロジェクトの推進支援サービスを町に提供する。

二〇二三年度の公営塾運営予算は中学校と高校とあわせて約五〇〇〇万円の規模だが、

プリマペンギーノが提案するモデルだと、その大半を国費でまかなえる。国の「地域おこし協力隊」事業として、茂木町への移住を条件に講師を採用すれば、三年間は報酬も家賃も国負担にできるのだ。しかも、全国規模で講師を募集するので、地域のボランティアではなかなか出会えないような優秀な人材が集まる。

「これだけの学歴や経歴の持ち主なら、一般企業でも引く手あまたのはずですが、世の中にはお金とは違う動機で教育にかかわりたいというひとがこんなにもいるのかと驚きました」

学校と塾の相乗効果も生まれている。学校の先生たちが高めた生徒たちの意欲を、併設されたゆずも塾でそのまま燃やし続けることができる。逆に、教員免許がなくても高校の授業が行える臨時免許状制度を適用して、ゆずも塾の講師が国語や英語の授業を受けもつケースもある。

「実は近年、茂木中の生徒たちが学力的に茂木高に入れないケースがありました。ゆずも塾ジュニアと中学校との相乗効果で学力が向上し、地元の高校に通える子どもたちが増えたら嬉しいです。私も、茂木中、茂木高の出身なので」

ゆずも塾ジュニアを不登校傾向の生徒の学びの場として活用する案も検討されている。

堀江さんはさらに、小学生のための公営塾や大人のための公営塾も開きたいと目論《もくろ》んでいる。「ゆずも塾」を町独自の生涯学習ブランドとして体系化し、学校教育とのハイブリッドな教育システムをつくりたいという野望だ。

ゆずも塾は茂木高の生徒なら誰でも無料で利用できる。ゆずも塾ジュニアも茂木中の生徒なら誰でも無料で利用できる。つまり、貧困対策としての無料塾ではない。どちらかといえば、教育における地域格差是正の意味合いが大きい。

都市部の受験文化のまねではだめ

「都市部には、有名な塾や予備校がたくさんあります。当初は私もそれが教育における地域格差だと思っていましたが、違いました」と言うのはプリマペンギーノの茂木町担当・大谷琢也《おおたにたくや》さんだ。

「私自身、二〇年以上にわたって都市部の大手進学塾で教えていたので、いい塾で勉強していい学校に入れることが優れた教育環境だと思い込んでいました。でも、さまざまな地方の教育に関わるようになって、地方においては、都市部のまねをするのではなく都市部ではできない教育を実現することが大切だと思い知りました」（大谷さん、以下同）

都市部における受験文化を地方に押し広げるだけでは日本全体がモノトーンになってしまう。むしろ、それぞれの地域の文化や自然や産業を活かした教育を行うことで、都市部とは違った魅力をもった子どもたちがそれぞれの地域で育ち、地域そのものも魅力化する。その総和として、日本社会全体もモザイク模様に輝くはずだ。

「学校の選択肢が少ない地方では、幅広い学力帯の子どもたちがみんな同じ学校に通います。だからそれぞれの子どもの学力に合わせた指導がしにくくて、先生たちは本当に大変だと思います。その点、都市部では良くも悪くも学力によって進学先が細かく振り分けられるので、自分の学力に合った教育が受けられます。その違いこそが教育における地域格差だとわかりました」

ゆずも塾やゆずも塾ジュニアは、その弱点に対する手当てとなる。さらに、公営塾の可能性は学力向上にとどまらない。

「学校には学習指導要領という縛りがありますが塾にはそれがありません。公営塾は、放課後を利用した教育の自由化なんです」と言うのはプリマペンギーノ代表で、隠岐島前高の魅力化に関わった藤岡慎二《ふじおかしんじ》さん。

　隠岐島前高では、地域の文化や自然や産業をテーマにした探究授業を設定し、公営塾でもそれと連携した「夢ゼミ」という授業を行っている。受験勉強的な意味ではぼろぼろの成績をとっている子どもでも、夢ゼミをきっかけに、まるで覚醒したように自信をもち始めることがある。そういう子が大学入試の総合型選抜で優れた結果を出すことも多い。するとこんどは地域のひとたちも自信をもち始める。都会のまねをするのではなくて、自分たちにしかできないことをしていこうと考えるようになるという。

「勉強のできる子は地域から出ていってしまうという不安が、地方のひとたちにはよくあります。都市部のまねごとのような教育をしていたら、そうなるのは仕方ありません。でも、子どもから大人になる過程で何かに全力傾注して成長できた場所を、自分にとっての『ふるさと』だと、ひとは感じるものです。代替不可能な地域性を活かした教育で成功体験を経験できれば、ひとはいずれまたふるさとに戻ってきます」（藤岡さん、以下同）

　都市部とは違う価値観を、学校という枠組みを超えて追究できるところに、地方における公営塾のダイナミズムがあるというのだ。

「それは、生き方を増やすことになりますよね」

地方における無料塾の役割は、まず教育の個別最適化の一助であり、さらに、代替不可能な地域性を活かした独自の教育文化を推進することでもあった。フリースクールなどの代替教育機関が少ない地方においては、不登校傾向の子どもたちの居場所にもなるかもしれない。

以上、無料塾の現場から見える現実をふまえ、第三部では、無料塾が宿命的に抱えるジレンマについて考察を深めたい。

第三部　考察編

第一章　無料塾というパンドラの箱

塾が必要とされる社会的背景

九人に一人の子どもが相対的貧困

厚生労働省「国民生活基礎調査」によれば、二〇二一年時点での「子どもの貧困率」は一一・五パーセント。ここでの「子ども」は一七歳以下の者を指す。つまり、一七歳以下の子どものうち九人に一人以上が「相対的貧困」の状態にある世帯で暮らしていることになる。相対的貧困とは、要するに〝人並み〟の半分にも満たないお金で生活しているということ。

十分な栄養がとれず、十分な医療にかかることもできないなど、最低限生きていくのにも事欠く状況を「絶対的貧困」という。世界銀行が定める「国際貧困ライン」は一人一日二・一五ドル（約三一八円）以下である。対して、世帯内のすべての世帯員の年間所得を合算した「世帯可処分所得」を世帯人数で調整した「等価可処分所得」の社会全体の中央値の五〇パーセントを「貧困線」として、それ未満である状態を「相対的貧困」という。OECD（経済開発協力機構）の定義による。二〇二一年の日本における貧困線は一二七万円だった。具体的には、一人世帯で月約一〇万円、二人世帯で月約一五万円、三人世帯で月約一八万円、四人世帯で月約二一万円以下で暮らしている状況をイメージしてもらえればいい。

相対的貧困は見えにくい。ファストファッションを着て、ファストフード店でスマホをいじっている若者が二人いたとして、どちらかが相対的貧困状態にあると言われても区別はつかないだろう。無料塾の子どもたちもたいがいスマホくらいもっている。たしかにスマホは高価だが、いまやスマホが生活必需品であることに誰も異論はないだろう。

相対的貧困家庭の子どもがスマホをもっていることよりも、生活必需品が高いと感じられる経済状況のほうに違和感をもつべきだ。OECDによると、一九九五～二〇二〇年にかけて名目賃金は、米国や英国で二倍超、韓国は三倍近く上がり、物価の上昇率を超えている。一方日本は、賃金が下落し物価の上昇率に届かない、悪い意味で希有《けう》な例となっている。

学校では元気に振る舞いSNSのやりとりもしながら、実は家にはWi-Fi設備がなかったり、着ているものがお古ばっかりだったり、部活の用具が買い換えられなかったり、週末に映画館や遊園地に誘われてもチケット代が工面できなかったりすることを、友達に気づかれないように取り繕っている子どもも多いと、無料塾関係者は口をそろえる。その心情を少し想像してみてほしい。

子どもの貧困率と、相対的貧困率と、子どもがいる現役世帯のうち大人が一人しかいない世帯の貧困率を経年で示したのが図1だ。二〇一三年に「子どもの貧困対策の推進に関する法律」が成立し、二〇一四年には「子供の貧困対策に関する大綱」がつくられた。その成果もあって、現在子どもの貧困率は減少傾向にある。ただし、ひとり親家庭の四四・五パーセントが依然相対的貧困状態にある。

ひとり親家庭では、完全にワンオペで家事と子育てをしなければいけないから、仕事に割ける時間が制約を受ける。そのぶん収入は下がるし、労働市場における競争力で不利にもなるから、昇給のチャンスも得にくくなる。金銭面だけでなく、時間的にも体力的にも

図1　貧困率の年次推移

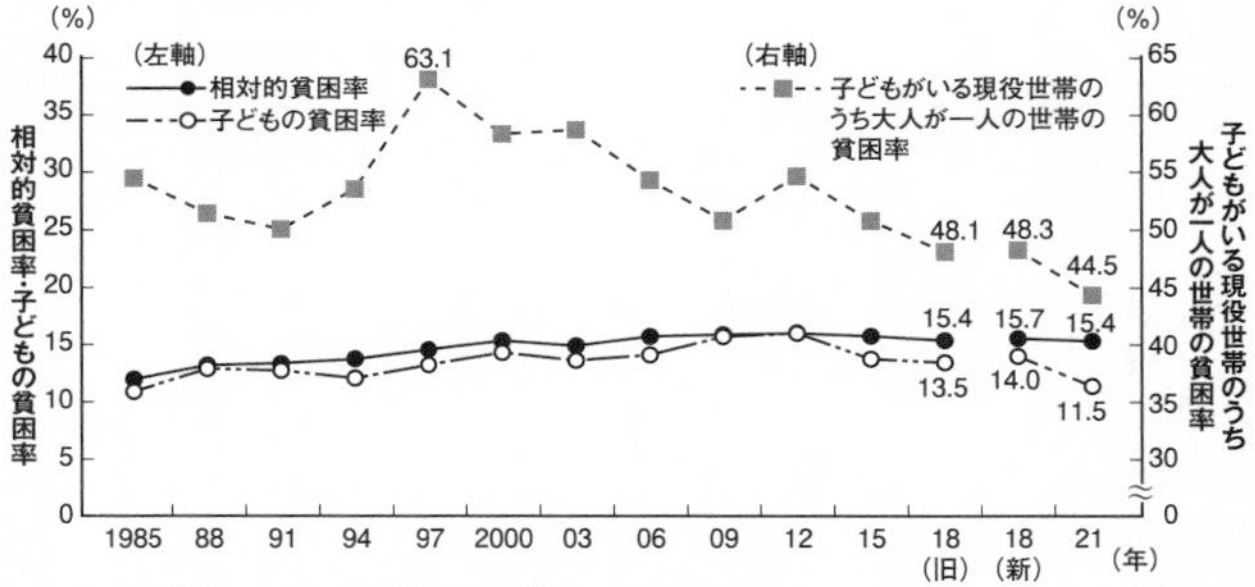

注 1）貧困率は、OECD の作成基準に基づいて算出している。
2）大人とは 18 歳以上の者、子どもとは 17 歳以下の者をいい、現役世帯とは世帯主が 18 歳以上 65 歳未満の世帯をいう。
3）等価可処分所得金額不詳の世帯員は除く。
4）1994 年の数値は、兵庫県を除いたものである。
5）2015 年の数値は、熊本県を除いたものである。
6）2018 年の「新基準」は、2015 年に改定された OECD の所得定義の新たな基準で、従来の可処分所得から更に「自動車税・軽自動車税・自動車重量税」、「企業年金の掛金」及び「仕送り額」を差し引いたものである。
7）2021 年からは、新基準の数値である。

出典／厚生労働省「2022年 国民生活基礎調査」

余裕がないから、子どもとすごす時間も少なくなる。親子の時間が少ないぶん、子どもが獲得できる語彙数が少なかったり、親子で自然や芸術や娯楽を楽しんだりする経験の機会が少なかったりもする。つまり、社会常識や学力の土台ができにくい。……と、悪循環が起こりやすい。

ひとり親家庭だけではない。経済的に余裕がないと、大学進学率が低くなったり、将来への希望が抱きにくかったりと、副次的な影響が起こりやすいことがさまざまな調査からわかっている。貧困家庭が置かれる状況について詳しくは『子どもの貧困』（阿部彩、岩波新書）などを参照されたい。

二〇一三年には、「現在生活保護を受給していないが、生活保護に至る可能性のある者で、自立が見込まれる者」を対象にした「生活困窮者自立支援法」も成立している。その法律には「子どもの学習・生活支援事業」も盛り込まれ、以降、積極的に学習支援を実施するように、国から自治体への働きかけがなされるようになった。受託型の無料塾が増えたのはこの時期に重なる。

実質無償化でも私立高校は高い

低所得家庭だと、経済的な意味で私立高校への進学はやや厳しく、大学への進学は非常に厳しくなる。

公立小中学校の授業料はもともと無償。二〇一九年からは「幼児教育・保育無償化制度」によって、三〜五歳の幼稚園、保育所、認定こども園の費用も無償化されている（一部上限あり）。二〇一〇年度には「高等学校等就学支援金制度」が整備され、現在、公立、

図2　子どもの学習費

（単位:円）

区分	幼稚園		小学校		中学校		高等学校（全日制）	
	公立	私立	公立	私立	公立	私立	公立	私立
学習費総額	165,126	308,909	352,566	1,666,949	538,799	1,436,353	512,971	1,054,444
学校教育費	61,156	134,835	65,974	961,013	132,349	1,061,350	309,261	750,362
入学金・入園料	270	13,005	99	42,756	253	72,542	7,211	43,570
入学時に納付した施設整備費等	76	2,115	49	17,814	120	30,070	3,928	22,771
入学検定料	36	708	10	5,476	134	19,756	5,004	5,503
授業料	5,533	27,972	…	536,232	…	476,159	52,120	288,443
施設整備費等	…	9,032	…	91,325	…	96,868	…	60,323
修学旅行費	41	64	3,149	3,981	11,853	12,837	15,647	16,613
校外学習費	744	1,520	2,134	14,883	3,971	18,151	3,909	9,936
学級・児童会・生徒会費	2,144	837	3,473	9,393	5,434	12,330	8,821	13,061
その他の学校納付金	1,907	3,204	1,907	26,542	4,440	24,017	12,558	20,301
PTA会費	4,146	3,359	2,566	5,880	3,465	8,598	5,931	9,325
後援会費	60	388	85	5,294	834	7,300	4,866	8,393
寄附金	176	542	82	24,190	365	14,120	629	4,405
教科書費・教科書以外の図書費	2,991	4,509	4,866	18,804	9,584	33,196	31,249	38,461
学用品・実験実習材料費	8,049	11,575	19,420	31,128	22,784	35,382	21,854	25,798
教科外活動費	482	4,131	2,294	8,709	24,172	37,172	39,395	47,013
通学費	6,330	21,052	1,125	47,210	7,245	84,233	52,283	81,093
制服	3,216	6,713	2,698	35,859	21,253	50,696	26,110	36,086
通学用品費	12,800	11,341	16,637	21,398	11,018	17,558	12,776	11,976
その他	12,155	12,768	5,380	14,139	5,424	10,365	4,970	7,291
学校給食費	13,415	29,917	39,010	45,139	37,670	7,227	…	…
学校外活動費	90,555	144,157	247,582	660,797	368,780	367,776	203,710	304,082
補助学習費	29,885	42,118	120,499	377,663	303,136	262,322	171,377	246,639
家庭内学習費	8,982	11,881	14,398	42,699	16,276	40,028	22,640	31,786
通信教育・家庭教師費	8,404	11,969	23,237	52,946	29,379	36,964	16,301	26,530
学習塾費	11,621	17,636	81,158	273,629	250,196	175,435	120,397	171,149
その他	878	632	1,706	8,389	7,285	9,895	12,039	17,174
その他の学校外活動費	60,670	102,039	127,083	283,134	65,644	105,454	32,333	57,443
体験活動・地域活動	2,234	4,311	3,635	14,803	995	5,656	1,342	1,903
芸術文化活動	14,766	25,355	31,986	92,380	19,567	33,591	9,460	16,501
スポーツ・レクリエーション活動	24,765	46,424	56,751	87,705	30,247	28,795	6,778	12,956
国際交流体験活動	267	1,163	434	3,052	65	5,857	2,045	8,118
教養・その他	18,638	24,786	34,277	85,194	14,770	31,555	12,708	17,965

注 1)「…」は計数があり得ない場合又は調査対象外の場合を示す。

2) 学習費総額の標準誤差率は、公立幼稚園では 3.40%、私立幼稚園では 3.02%、公立小学校では 1.56%、私立小学校では 2.59%、公立中学校では 2.05%、私立中学校では 2.08%、公立高等学校では 2.41%、私立高等学校では 2.40%。

学校教育費の標準誤差率は、公立幼稚園では 3.19%、私立幼稚園では 3.09%、公立小学校では 1.08%、私立小学校では 3.56%、公立中学校では 2.00%、私立中学校では 2.10%、公立高等学校では 1.37%、私立高等学校では 1.81%。

学校給食費の標準誤差率は、公立幼稚園では 6.14%、私立幼稚園では 3.91%、公立小学校では 1.63%、私立小学校では 11.77%、公立中学校では 4.06%、私立中学校では 33.29%。

学校外活動費の標準誤差率は、公立幼稚園では 4.99%、私立幼稚園では 4.38%、公立小学校では 2.17%、私立小学校では 3.63%、公立中学校では 2.86%、私立中学校では 4.99%、公立高等学校では 5.22%、私立高等学校では 6.19%。

3) 学校教育費の項目「その他の学校納付金」は、2021 年度調査より「入学金・入園料」「入学時に納付した施設整備費等」「入学検定料」「施設整備費等」「後援会等会費」「その他の学校納付金」に分割されたため、2018 年度調査までの同名の項目とは異なるものである。

出典／文部科学省「令和3年度 子供の学習費調査」

図3　大学の初年度費用

（単位:円）

区分	授業料	入学料	施設設備費	実験実習料	その他	合計
国立大学	535,800	282,000	-	-	-	817,800
公立大学	536,363	391,305	-	-	-	927,668
私立大学（文系）	815,069	225,651	148,272	8,319	75,126	1,272,437
私立大学（理系）	1,136,074	251,029	179,159	61,004	62,758	1,690,024
私立大学（医歯系）	2,882,894	1,076,278	931,367	200,419	1,400,106	6,491,064

注）国立は国が示す標準額、公立と私立は平均額。

出典／文部科学省「国公私立大学の授業料等の推移」および「令和3年度私立大学入学者に係る初年度学生納付金平均額（定員1人当たり）の調査結果について」

国立、私立を問わず、年収約九一〇万円未満の世帯に対して、収入に応じた就学支援金が給付される。東京都などでは独自の私学助成金制度を設け、年収によっては私立高校であっても授業料の実質無償化を実現している。

ただし、授業料以外の費用がある。図2は二〇二一年度の文部科学省「子供の学習費調査」である。公立高校と私立高校では、授業料以外の学校教育費（入学金や施設設備費など）で年間二〇万円以上の差があることがわかる。授業料以外の教育費負担の軽減のため、二〇一四年度からは「高校生等奨学給付金」も運用されてはいるが、私立高校は低所得家庭から敬遠されがち。低所得家庭の受験生はすべり止めの私立受験ができないため、第一志望の公立高校の偏差値的なランクを下げて安全策をとらざるを得ない判断も生じる。

大学の費用に関しても、二〇二〇年度から「高等教育の修学支援新制度」が始まり、世帯収入や資産、そして学習意欲

図4　学歴別に見た新規学卒者の賃金

（単位:円）

	大学院卒	大学卒	高専・短大卒	高校卒
男女計	267,900	228,500	202,300	181,200
男性	271,900	229,700	204,100	183,400
女性	256,900	227,200	201,800	177,600

出典／厚生労働省「令和4年賃金構造基本統計調査」

の要件を満たせば、授業料減免および給付型奨学金が受けられるようになった。ただし幼児教育・保育無償化制度や高校無償化制度に比べると条件がかなり厳しい。

図3は国立、公立、私立の大学の学費だ。国立でも年間授業料は五三万円以上かかる。仮にこれを全額奨学金で支払うならば、四年間で二四〇万円以上の借金を抱えることになる。図4は学歴別の初任給で、図5は学歴別の生涯賃金の違いである。

ちなみに二〇二二年に労働者福祉中央協議会が日本学生支援機構（旧日本育英会）の奨学金を返済中のひとたちを対象に行った調査結果では、給付型は二パーセントにとどまり、有利子貸与が六割強、無利子貸与が五割だった。有利子と無利子の両方を利用している場合もある。平均で、借入総額は三一〇万円、毎月の返済額は一・五万円、返済期間は一四・五年間だった。

高等教育段階（大学や専門学校）での教育費自己負担が重い結果、国内総生産（ＧＤＰ）に占める教育機関への公的支出の割合では、二〇

図5　学歴別に見た生涯賃金（退職金を含めない）

	大学・大学院卒	高専・短大卒	高校卒
男性	2億6190万円	2億960万円	2億500万円
女性	2億1240万円	1億7250万円	1億4960万円

出典／独立行政法人 労働政策研究・研修機構「ユースフル労働統計2022」

一九年の時点で日本はＯＥＣＤの加盟国三七カ国中三六位に甘んじている。次世代の教育費について、国民の自腹率が高いということだ。明治時代に定められた、教育における受益者負担の原則の名残だと考えられる。逆に、教育の受益者は社会全体であると考える社会では、社会が教育費を負担することに同意が得られやすい。大学卒業まで教育費無償を掲げる先進国も少なくない。

公立中学生の約七割が有料塾を利用

加えて塾代がかさむのが日本の教育システムである。「子どもの教育にお金がかかる」という場合、一般に塾代を含めた教育費がイメージされていることは多いはずだ。

明治以降、日本の教育行政は、全国津々浦々どこでも同質な教育が受けられる、画一的な学校システムを整備してきた。その平等性を前提に、学業で成功すれば、出身階層に関係なく大臣にも博士にもなれる社会が成立した。いまでこそ学歴主義という言葉にはネガティブなニュアンスがあるが、もともと学歴には、社会階層を自由に行き来できるようになる「通行手形」の意味合いがあった。

ちなみに、学歴といえば本来は中卒、高卒、大卒など最終教育段階を指すものだが、日本では俗に○○大学卒のように出身学校名を意味することがある。太平洋戦時下までは出身大学による初任給格差があり、一九六〇年代においては採用試験を受けられる大学を企業側が決める指定校制度の存在が指摘されていた。出身大学名がそのまま労働市場における「値札」の役割を果たしていたのだ。その名残として、いまでも就活におけるいわゆる「学歴フィルター」がある。

より良い「通行手形」あるいは「値札」を得るための競争は自《おの》ずと過熱する。しかし標準装備化した学校教育内で抜きん出るのは難しい。そこで誕生したのが「有料オプション」としての塾だった。

一九七〇年代に高校進学率が九割を超えるのと軌を一にして、全国に塾が急増した。現在、全国に塾は約五万事業所ある。小学校約二万校、中学校約一万校、高校約五〇〇〇校と比べれば、塾がどれだけ人口に膾炙《かいしゃ》しているかわかるだろう。

二〇二一年度文部科学省の「子供の学習費調査」によれば全国の公立中学生の七〇・四パーセントに学習塾への支出がある。公立中学生全体での学習塾費平均額は年間約二五万円。

同年度「全国学力・学習状況調査」によれば、全国の公立中学三年生の六三・五パーセントが学習塾または家庭教師の指導を受けている。都道府県別では、上位から神奈川県が七五・八パーセント、奈良県が七四・八パーセント、東京都が七三・八パーセント。逆に低いのは、岩手県が三三・〇パーセント、青森県が三四・二パーセント、秋田県が三六・二パーセント。

この結果で興味深いのは、通塾率（家庭教師を含む、以下同）上位が必ずしも学力上位ではなく、その逆もしかりということだ。通塾率の高さはむしろ大学進学率の高さと似た傾向がある。通塾率の高さは教育熱（≒教育競争圧）の高さの結果のように見える。

塾とはいわば、学歴社会を前提にした受験競争を有利に戦うための強力な「飛び道具」であった。しかしいま、高校受験に関しては七割以上が飛び道具を手にしている。多くの受験生にとって、飛び道具なしで挑むことは、無理ゲーに近い。だから、無料塾が必要とされているわけだ。

無料塾はパンドラの箱か?

しかし、誰かが競争に勝つということは、誰かが代わりに蹴落とされるということだ。社会全体の格差構造はそれでは何も変わらないどころか、みんなが飛び道具を手にすれば、競争はますます激しくなるに違いない。

さらに、有料・無料にかかわらず、みんなが塾を利用できる世の中になったとしたら、つまり、塾が「オプション」ではなく「標準装備化」したら、おそらく別の「有料オプション」が登場するだろうことは想像に難くない。それは家庭教師なのかもしれないし、学習モチベーションコーチのような新サービスかもしれない。まるでいたちごっこである。

また、仮に全国に無料塾が広まり、みんなが飛び道具を手にして条件がそろったのなら、その結果生じた勝敗は公正な能力競争の結果であり、敗者が社会階層の下に沈んでいってもそれは自己責任だとしていいのだろうかという問いにも、私たち社会は向き合わなければいけなくなる。

しかもこの点については、飛び道具を手にできるかどうか以前に、親の学歴、出身地域、性別などの「生まれ」によって決まってしまっている諸条件だって無視できないはずだ。いわゆる「教育格差」の議論である。

だとしたらどこまで条件をそろえれば公正といえるのか。どんなに環境要因をそろえたとしても、遺伝的要因は残る。そのなかには勉強が得意な才能や受験勉強のような単調なことに対しても苦痛を感じにくい才能というようなものも含まれているかもしれない。その結果もたらされる差が正当と見なされ、貧富の差の根拠とされるなら、それはもはや優生思想にほかならない。

残念なお知らせもある。『子どもの貧困』の著者である社会学者の阿部《あべ》彩《あや》さんは二〇一一年の論文で、データを分析した結果として、「教育投資のみによる貧困の世代間連鎖の解消は不可能であることを示唆している」と述べている。貧困家庭の子どもに手厚く勉強を教えてより良い学歴を得させたとしても、それだけで貧困の世代間連鎖を断ち切ることはできないというのだ。

ではどうすれば負の連鎖をせめてほぐすことができるのか……。そもそもペーパーテストで測れる個人の〝能力〟は何を意味するのか……。

いちど無料塾の扉を開けたが最後、多種多様な問題の存在から目を背けるわけにはいかなくなる。実際、第二部の無料塾の運営者たちも、ただ子どもたちに勉強を教えるだけでなく、次から次へと新たな問題の存在に気づき、支援の手法や範囲を広げている。まるできりがないように見える。無料塾は「パンドラの箱」だったのかもしれない。

パンドラの箱からはあらゆる災いがあふれ出したと語り継がれているが、実は箱の中にあったのは災いだけではなかった。蓋を閉めたとき最後に残ったのは希望であり、だから、人間はどんなときでも希望をもてるようになったのだそうだ。

パンドラの箱からあふれ出す難題に対処し希望を見出すために、ここから先は、社会学、哲学、組織開発の知見を借りる。

第二章　緩やかな身分社会

教育社会学者　松岡亮二さんインタビュー

無料塾は一般に、子どもの貧困およびそれに付随する教育格差への手当として認識されている。無料塾の社会的意義、限界、可能性を考察する前提として、ここで教育格差という概念についての概要を押さえておきたい。

二〇一九年に発行された『教育格差』（ちくま新書）の著者の松岡亮二さんに聞く。詳細についてはぜひ『教育格差』をお読みいただきたい。

松岡亮二　まつおか・りょうじ

龍谷大学社会学部社会学科准教授。博士（教育学）。ハワイ州立大学マノア校教育学部博士課程教育政策学専攻修了。著書に『教育格差』（ちくま新書）などがある。

「生まれ」によって最終学歴が異なる傾向

おおた 「教育格差」とは具体的に何を示す言葉でしょうか。

松岡 子ども本人が選べない初期条件である「生まれ」によって、学力や学歴などの教育成果に差がある傾向を意味します。日本の大半の人々にとって主な「生まれ」は、社会経済的地位（Socioeconomic status＝SES）、出身地域、それに性別です。社会経済的地位というのは、保護者（以下、親）の職業・収入・学歴といった社会的、経済的、文化的な特性を統合した概念です。

メディアなどは教育格差の主要なメカニズムとして学力格差に注目しますが、教育選択格差も忘れてはいけません。社会経済的地位によって学力格差があり最終学歴にも違いができるのは一つの経路。学力が同じ水準であったとしても、社会経済的地位によって大学進学を希望するかどうかに違いがあり最終学歴の差につながるという経路も重要です。

おおた 社会経済的地位が低い家庭の子どもはそもそも大学進学への意欲も低くなりやすいという話ですね。

松岡　はい、選択格差は学力の高低を別にしても見られる傾向です。

私の願いは、日本が教育格差に自覚的な社会になることです。たとえば、大卒のひとは単に自分の能力だけで大卒になれたわけではないと考えられます。それぞれのひとに、本人にはどうにもできない初期条件があり、高い学歴を得る難易度に差がある。まずその実態とメカニズムを理解しないと、効果のある介入や制度設計ができません。

おおた　教育格差と似たような言葉に「教育機会格差」があります。裕福な家庭では習い事や塾にお金を使えるので、出身家庭によって得られる教育機会に差があるという意味ですよね。これは教育格差を生む一つの要素ととらえていいですか。

松岡　機会の差が必ず結果の差になるわけではありませんが、結果の手前にあるのは主に機会の差だと考えられます。

教育機会格差としては、家庭間だけではなくて、学校間格差と地域間格差があります。地方では都市部と比べて、親の学歴・収入が高くない傾向にあるので、出身地域は出身家庭の社会経済的地位と重なっています。

同様に、学校はそれぞれの地域にあるわけで、学校間格差と地域間格差も重なっています。公立小学校であっても親が大卒者ばかりの学校と非大卒者が大半を占める学校が同じ日本社会の中にあるわけです。

　都市部だと国私立と公立の間の格差が注目されるかもしれませんが、たとえばとある政令指定都市のデータを見ると、市内の公立小学校間でも親の社会経済的地位にかなりの差があります。親の大卒者割合が高い公立小学校では、平均学力、通塾率、親が子どもに大学進学を期待する割合などが高いので、進学に親和的な環境といえます。公立小学校はどこも同じというわけではないということです。

　このような家庭間、学校間、地域間に存在する格差の実態を理解していないと、たとえば近くに大学がないことを教育機会格差ととらえてやみくもに地方に大学をつくっても、思ったほどには大学進学率は上がらないかもしれません。家庭の社会経済的地位によって、大学への進学期待が高まっていないからです。そのような地域では非大卒の親の割合が高く、大学進学期待をもっていない同級生も多いです。つまり、地方で育った子どもたちが大学教育に興味をもちにくいのは、物理的に大学がないというだけではないということです。このテーマに限らず、実態とメカニズムをデータで把握せずに議論して政策を打っても、狙った効果を出すことは期待できません。

みんな同じを目指すわけではない

おおた　ご著書によると、どこの国や地域にも教育格差はあるようですが、そもそも教育格差はなくせるのでしょうか。

松岡　その問いの立て方は「男女平等なんて非現実的」と同じではないでしょうか。どうせできないのだから現状のままでも仕方がないという発想であるなら、それは実質的に緩やかな身分社会の是認を意味します。教育格差という実態を無視して、かりそめのメリトクラシー（能力主義）のなかで競争させられる緩やかな身分社会のほうが、士農工商といった身分制度よりも残酷という見方もできます。不利な競争への参加を強いられて、その結果は自己責任扱いになるわけですから。

「できるわけない」と虚無感の谷底に沈むのではなく、少しでも理想に近づける政策的努力と、それでも解消できない状態をふまえたうえで、どんな社会にしていくべきなのかという議論が必要だと考えます。たとえば非大卒で非正規雇用となり収入の低い層が、子どものころに努力をできる状況にあったのかという部分まで勘案するのであれば、学校教育だけではなく、税制度、社会福祉政策、生涯教育政策などに対してとらえ方や賛否が変わるひともいるはずです。教育格差の実態と向き合ったうえで、拙著の第七章のタイトルにあるように「わたしたちはどのような社会を生きたいのか」を議論すべきかと思います。

なお、頻繁に誤解されるのですが、教育格差がない状態とは、みんなが同じ学歴を得ることを意味しません。教育格差がない社会というのは「生まれ」と結果が関連していない社会です。言い換えると、「生まれ」で人生の可能性が制限されていない状態です。

おおた　学力や学歴に差があったとしても、そういった結果が、「生まれ」との相関関係では説明できない状態になっているべきだということですよね。松岡さんは、学力差、学歴差、収入差などがあること自体を問題にしているわけではない。そのうえで、「生まれ」で人生の可能性が制限されていないのなら、「生まれ」と結果が関連しないはずだということですね。

では、なんらかのマジカルな方法で、教育格差を是正することに成功したとしたら、つまり生まれと最終学歴の相関を打ち消すことができたとしたら、こんどは何によって学力の差や学歴の差が生じると考えられるでしょうか。

松岡　まず成功することはないと思います。昔は小学校卒でも「ふつう」で、その後、中卒が平均になり、高学歴化して高卒が当たり前になり、と、どんどん上がっていくので、いたちごっこになります。なんらかの政策で教育格差を減らせたとしても、一方で、社会経済的地位が高いひとたちが他との差をつくるために工夫するはずです。最近だと、小中高校での海外留学であったり、海外の学位を最終学歴にしてみたり。子どもに自分やそれ以上の社会的な地位を得させるためにさまざまな方法とそれらを支援する有償のサービスが出てくると考えられます。

ただ、教育格差を完全にはなくせなくても、できることはあります。たとえば、大学の教職課程で現状ではほとんど扱われていない「教育格差」を必修化し、現職教員にも体系的な研修を行うことは現実的に可能です。実態とメカニズムを理解した教員が、出身家庭の社会経済的地位や出身地域を背景にして学力が低くて問題行動を起こしがちな子どもたちに寄り添い、不利な点を少しでも埋め合わせるような教育を行うのであれば、高校中退者を減らしたり安定した雇用への移行を可能としたりといった、数値で把握できる結果に結びつくはずです。また、社会経済的地位に恵まれない地域の公立校に教員やスクールソーシャルワーカーなどの増員を行い、その効果を検証しながら実際に結果を出すことにこだわって政策の微修正を重ねることも、政治と行政の意思があれば可能です。恵まれない子どもや地域に対するこのような追加投資によって中間層を拡大できるのであれば、社会全体にとって有益な政策といえます。全員にとってよい社会を夢見て積極的に投資と効果検証をくり返すべきだと思います。

一方、社会経済的に恵まれているひとたちには、縮小していく日本社会の中での座席争いに明け暮れるのではなくて、技術開発や社会変革に挑戦することで、社会全体を底上げしてほしいと願います。

おおた　恵まれた状況を、椅子とりゲームで勝ち続けることに活かすのではなくて、椅子を増やすことに活かしてくださいということですよね。

松岡　恵まれた環境で育ったひとにとっても、他者が決めたルールのなかの順位に執心するより、新しい価値をつくり出すほうがよっぽど充実した人生になるのでは、という提案です。押しつけるつもりはありませんが、そうしてくれたら個人的には嬉しいです。

受験競争で勝てればいいのか？

おおた　無料塾は教育格差の縮小を目指した活動だといえます。無料塾は教育格差に対する手当としてどの程度有効だと考えられますか。

松岡　一つには学力が上がる可能性ですよね。あともう一つ、私は無料塾には詳しくありませんが、大学生がボランティアをしている場合、無料塾で初めて大学生と話をする経験が、教育選択の幅を広げてくれるかもしれません。

ただ、無料塾に通っている子どもたちがどのような層の子どもたちなのかを行政は継続的に把握すべきかと思います。もし、経済的には恵まれていないけれど進学には価値を置いている家庭の子どもが大半なのであれば、貧困かつ教育に価値を置かない、社会経済的地位が最も低い層を支援しているとはいえません。

おおた　おっしゃるとおりです。子どもの教育に無関心な親は、無料塾を探そうともしませんし、存在すら知らないと思います（九一ページ参照）。ただし、あえて行政に頼らず独自の運営を続けている無料塾の多くは、調査が目的といえども行政の介入には反発するでしょうね（一一四ページ参照）。

本当に必要な子どもたちにリーチできているかという問題はありつつも、無料塾のひとたちは、目の前の子どもたちに勉強を教えて、学力をつけてもらって、できるだけいい高校に合格してもらって、できれば大学まで進学してほしいと願って活動しています。

松岡　議論のためにあえてこのように伺いますが、現行の受験競争で勝ち上がるための武器を渡すことが無料塾の役割なのでしょうか。

おおた　彼らもまさにそこにジレンマを感じているわけです。無料塾の運営者たちは、目の前の子どもたちをなんとかしてあげたい一心で活動しています。でも一方で、目の前の子がいい高校に合格するということは、別の誰かの不合格を意味します。

松岡　出身家庭の社会経済的地位が高い子どもであれば不合格になっていいのか、という……。

おおた　競争社会における勝者と敗者が部分的に入れ替わるだけでは、社会全体としては何も変わらないじゃないかということを自覚しながら、彼らも活動しています（六八ページ参照）。しかも、塾に通うことが世の中的な標準装備になってしまうと、競争のレベルや負担も単純に上がりますよね。家庭教師なのか、学習コーチングなのか、あるいは学習効率を向上する薬物なのか、さらなるオプション、も開発されるでしょうね。

松岡　軍拡競争と似た構造といえます。

おおた　この構造をほぐす方法って何か考えられるんでしょうか。

松岡　選抜制度のあり方の再検討がまず一つ。それに、最終学歴が一八歳や一九歳で決まる社会でよいのかという論点も重要かと思います。

「生まれ」ではなく個人の能力で選ぶ制度は中国の科挙まで遡ることができます。試験を突破することで、出身家庭の身分ではなく新たな地位に「生まれ変わる」ことができる。この点をふまえると、能力の代理指標として学歴を用いる学歴社会そのものを否定すべきなのかは個人的にはわかりません。学力や学歴以外を指標に含めたところで、全員が同意する選抜基準はないでしょうし、どんな基準にしても完全に人間の能力を計測することはできそうにありません。

学歴はひとの能力を示すには明らかに不完全な指標ですが、現実的な代替案があるわけでもありません。たとえば、お隣のアメリカだって熾烈《しれつ》な学歴社会です。就職採用では、年齢、肌の色、ジェンダーなどを用いることはできません。不完全であっても、本人の能力と努力によって獲得したと見なすことができる学歴とその後のキャリアで選抜することになります。でも学歴には、出身家庭の社会経済的地位、出身地域、性別、人種などが反映されているし、どのようなキャリアを形成できるかは学歴による機会の差が大きい。

新卒の採用であれば、大学生のあいだに半年ぐらいのインターンシップで時間をかけて選抜すればよいという意見もあるでしょうが、多数を受け入れることができる企業は限られるかと思います。短期間の試験ではなく長期的な評価が選抜基準として望ましいという理由でGPA（大学の平均成績）を重視しても、大学や学部によって成績のとりやすさに差があるので、参考値にしかなりません。

選抜制度の設計の難しさは、高校や大学入試についても同様です。筆記試験一発で合否を決める入試は頻繁に批判されますが、内申書で何年間も監視されるほうがいいとも言いきれないはずです。自分の評価を上げるために大卒の教員が好きそうな発言や行動をする生徒が有利になる制度でもあるわけですから。興味関心や主体性があるふりを奨励する制度は教育的でしょうか。

話を戻しますと、そもそも「生まれ変わり」を可能にするはずの学歴がこんどは一〇代以降の社会的地位として固定化されてしまうことが問題といえます。三〇歳とか五〇歳になって初めて大学に進学するとか、修士課程に行くといったように、最終学歴を更新しやすい社会ならまだましではないかなと思います。アメリカのように常に自分の価値を戦略的に高めなければいけない社会なので、それはそれで大変なのですが。労働市場に流動性があるなかで失職者に対しては一定水準の生活を実質的に保障する。そういった形で、すべてのひとが何度でも何歳になっても自分の可能性を追求できる社会が望ましいと思います。

社会全体の課題は善意に頼るべきではない

おおた　生まれから最終学歴に至る過程で教育格差ができるのが第一段階目、一八歳や一九歳で獲得された最終学歴によって社会における地位や収入が決まる学歴格差ができるのが第二段階目（図6）。生まれによる階層の固定化が問題なのであれば、第二段階目を緩めようという考え方もありますよね。

松岡　学歴による便益を減らすという話ですね。方法がわかりませんが、仮にそれが可能だとしても、みなさんの学歴に対する主観的評価はたぶん残るので、学歴獲得競争自体が沈静化することはないかと思います。政府がどんなに広報したところで、企業は採用時選抜基準として使うでしょうし、学歴以外を重視したところで、新しい評価基準への対応を支援する有償サービスが出てくると考えられます。そのようなサービスを利用できる経済的余裕があり、そこまでして高い社会的地位にこだわるのはどのような親子なのか、という点は、今後社会がどのように変わっても社会経済的地位と無縁ではないはずです。

おおた　現実的にはそうかもしれませんが、理屈でいえば、教育格差の問題が完全にはなくせなくても、教育から労働市場への接続の段階で学歴格差が緩められれば、巧妙に隠された身分社会を変容させることにはなるのかなと思ったのですが。

図6　教育格差と学歴格差

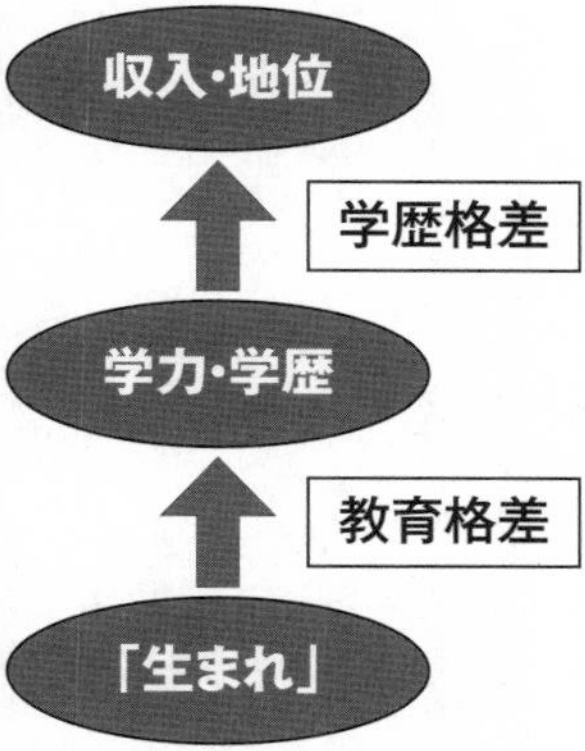

松岡　就職採用試験という選抜で学歴を能力の代理指標にできない場合、これまでの雇用慣行による予測が立たなくなるので、企業としてはリスク回避として終身雇用を前提としなくなるかもしれません。それで正規雇用ま

で流動化したとして、それに耐えられるひとはどれぐらいいるのでしょうか。何歳になっても自分のキャリアを考えなければならないアメリカのような社会のほうがよいひともいるでしょうけど、多くの社会課題を引き起こすことになりそうです。また、新卒一括採用ではなく流動性の高い労働市場になったところで、個人を代理的に示す主なシグナルの一つが学歴という点はやはり変わらないのではないでしょうか。

おおた　もちろんそうですね。となると、日本の身分社会を緩めるために、教育格差の問題にメスを入れても、学歴格差の問題にメスを入れても、どちらにしてもきっと大きな副作用があるというところまでしかいえないですね。

松岡　おっしゃるとおりです。いままでの議論をふまえれば、大鉈《おおなた》を振るうような教育改革議論のほとんどは実効性に乏しい割に大きな副作用をともなうものといえるはずです。大きな教育改革論はだいたい過去にあった案の焼き直しですので、そのような議論ごっこより、できるかぎり実証データにもとづいて具体的な微修正を重ねることで社会全体として「生まれ」と結果の関連を弱くしていく方向に進めていくべき、というのが私の主張です。

無料塾についても、実践の微修正のためには効果検証を定期的に行うのが望ましいと思います。その際、学力以外も指標にすべきではないでしょうか。たとえば、仮に学力向上効果はさほど大きくなくても、向き合ってくれる大学生や大人がいることで、非行の防止にはつながっている可能性はあります。たとえ第一志望の高校には不合格だったとしても、無料塾で得た学力、学習習慣、信頼できる大人がいるという実感などによって進学先の高校での中退が減るといったこともあり得るかと思います。それらはすばらしい達成ですよね。

一方で、ボランティアやNPOなどでは、日本全体の教育格差に対しては量的に足りません。さらにいえば、公立校の不足分をボランティアが支えることで、教育制度としてはこのままでよいということになってしまわないかという懸念もあります。無料塾関係者には最大限の敬意を払いますが、やはり、社会全体の課題は国の政策として取り組むべきではないでしょうか。

第三章　不当な差と許容できる差

独立研究者　山口裕也さんインタビュー

「生まれ」と「学力・学歴」が相関する傾向がある。それは紛れもない事実である。その状況が現在「教育格差」と呼ばれていることを前章では見た。「格差」という言葉はすでに、いかにも是正されなければならぬというニュアンスを含んでいる。

しかし、教育哲学者・苫野《とまの》一徳《いっとく》さんの著書『学問としての教育学』（日本評論社）に次のような一節がある。「たとえば、教育格差が徐々に拡大していることが〝実証〟されたとして、しかしそれはなぜ『悪い』ことと言えるのか、と言えば、それはすぐれて哲学的な問い、『価値』の問題である。格差拡大は、一般的にはよくないこととされているが、それを説得的な形で論証するのはそう簡単なことではない。下手をすれば、単なるイデオロギーの押し付けにもなりかねない」。

この章では、この点を掘り下げたい。そこで、苫野さんとともに一般社団法人School Transformation Networking：ＳｃＴＮ（スクタン）を立ち上げ、「哲学原理とエビデンスに基づいた実践」を提唱する山口裕也さんを訪ねた。

山口裕也　やまぐち・ゆうや
独立研究者。主な研究領域は心理学、教育学、哲学。一般社団法人ＳｃＴＮ代表理事。杉並区教育委員会事務局杉並区立済美教育センター調査研究室長や東京学芸大学非常勤講師、杉並区教育委員会主任研究員を経て独立。著書に『教育は変えられる』（講談社現代新書）などがある。

教育格差と教育差別

おおた　哲学的な観点から「教育格差」を検証したいと思っています。

山口　苫野とともに立ち上げたスクタンの代表理事として、当法人が提唱する「哲学原理とエビデンスに基づいた実践」の考え方に沿ってお話しします。話題が多岐にわたるので、最初に大枠を説明しておきます。

事前にいただいた三つの問い、（一）教育格差はどのような根拠で是正されるべきといえるのか、（二）どんな差であれば許容できるといえるのか、（三）政策としての無料塾推進の是非、については哲学的な原理としては速やかに解答することができます。

そもそも公教育は、私たちの生きるこの市民社会において何のためにあるのかという本質と、どうあれば「よい」のかという正当性の原理。この二つにかなわない差は是正されるべきだし、かなうのなら許容できる。これが第一段階の解答。

ただし、具体的にどのような差の状態や程度なら公教育の本質と正当性の原理にかなうのかということについては、唯一絶対の答えがない。だから、政策としての無料塾についても、みんなで具体的なあり方を問い合い創り合っていこう。これが第二段階の解答です。

おおた　公教育の本質と正当性の原理にかなう差もあり得るということですね。

山口　はい。各論に入っていく前に、考え方の基礎となる用語を整理します。一般的に「教育格差」は公教育における「不当な差」つまり「よくない差」の一つと解釈されています。教育格差の原因にもなる「教育差別」も不当な差の一つで、「差別待遇」とは「不当な区別にもとづいて待遇に差をつける行為」ですから絶対に許容できません。教育差別の定義については、日本は未批准《ひじゅん》ですが、一九六〇年にユネスコ総会で採択された「教育における差別待遇の防止に関する条約」を参照してください。

おおた　視野が広がりました。

山口　そこで「教育格差はどのような根拠で是正されるべきといえるのか」という問いを「公教育において、不当な差とは何か」という問いに立て直してみましょう。この問いを論理的に反転すれば、もう一つとても大事なこともわかります。それは、「正当な差」つまり「よい差」というものが公教育には存在し得るということです。

おおた　「生まれ」と「学力・学歴」の相関を完全に打ち消すのが理想であるとか、差は小さければ小さいほど良いというような単純な話ではない、と。

山口　たとえばイギリスをはじめ諸外国には、歴史的・文化的に社会階級が強く残るところがあります。けれど、その事実だけをもって、その国の状態が直ちに「よくない」と判断されるわけではありません。こうした国や地域、文化や宗教などの背景による考え方の違いもふまえたうえで、公教育の本質と正当性の原理を定める必要があります。「誰を対象に」「どこまでの内容を」という二つの問いを中心とした公教育の問題は、今後、ますます国境を超えたものになっていくでしょうから。

各人の自由と社会における自由の相互承認

山口　議論の下敷きとして、苫野が約二〇年にわたって積み重ねてきた研究の成果を最低限だけ説明します。

苫野はまず、公教育の本質を「各人の自由および社会における自由の相互承認の実質化」と表現します。わかりやすくいえば、一人一人がなるべく自分の生きたいように生き、それでいて、そうした個人が互いの生き方を認め合ってともに生きていくことができるようにするためにこそ公教育があるということ。なぜか。

有史以降、ひとは、「自分の生きたいように生きたい」という「自由」への欲望を本性とするがゆえに、命までも奪い合う闘争や戦争をくり返してきました。しかし、近代になってようやく自覚するに至ります。自分が自由であるためには、他人の自由もまた認める必要がある、と。これが、私たちが生きる近代市民社会の底に据えられている「自由の相互承認」という考え方。わずか二～三〇〇年前に生まれた発想で、先ほど説明した公教育の本質もこのような哲学的・歴史学的な考察から導かれています。

おおた　それが公教育の本質であると、苫野さんは訴え続けていますよね。あくまでも自説として、検証や批判の対象にしてほしいと、世に問いかけています。

山口　次に、公教育の正当性の原理、つまり市民社会における公教育はどうあれば「よい」のかということについて。

結論からいえば、公教育が自由と自由の相互承認を実質化していく過程は、すべてのひとの思いのもと、すべてのひとの願いをかなえようとするものでなければならない。特定のひとの思いにもとづいて、一部のひとの願いをかなえようとするのではなく。なぜか。

ひとは、自分の自由の実感のないところでは、他人の自由を承認することは難しい。同時に、社会が一人一人の自由な生き方を許容しなければ、そもそもひとは自由たり得ない。だからこそ、公教育は、すべてのひとが自分の思いをもち寄って、すべてのひとが自分の願い、つまり自らが思い描く自由な生き方をかなえられるようにする。

このようなあり方に向かっているとき、その公教育は「よい」と判断し得る。これを苫野は、公教育の「よさ」を測る正当性の原理として「一般意志にもとづく普遍福祉」と表現します。

ここで大事なことは、「一人一人のため」と「みんなのため」との両者が、密接不可分で支え合いの関係にあるということです。自分のためにこそみんなのことを考えなければならないし、みんなのためになることは結果として自分のためにもなり得る。わかりやすくいえばそういうことで、この関係を実感としてつかませることも公教育のとても大事な役割です。

おおた　ルソーのいうところの「一般意志」とは、「自分にとってこの決断はいい。しかしほかのみんなはどうか」というところまでをお互いに勘案して形づくられる社会全体の意志ですね。そしてヘーゲルがいうところの「普遍福祉（一般福祉）」は、社会として何を目指すべきか、ですね。苫野さんはこの言葉をヘーゲルよりやや限定的に用いると断ったうえで、「要するに、政治権力や法の正当性の基準あるいは指針原理が〈一般意志〉であるならば、この権力が遂行する社会政策の正当性あるいは指針原理が〈一般福祉〉の原理なのである。両者は言うまでもなく、焦点の当て方が異なるだけで、意味していることはまったく同じである」と、著書『学問としての教育学』で述べています。

山口　いま説明したことは、公教育に関するあらゆる話題を論じるに当たって、みんなが共有すべき議論の共通地平になります。

ですから、公教育における差というものも、一人一人の自由な生き方を妨げたり、社会において互いの自由を認め合うことに悪影響をおよぼしたり、みんなの思いをもち寄ってみんなにとってよい社会をつくることから遠ざかったりする場合に、不当でよくないものと判断できる。そして、このことを煎《せん》じ詰めていくと、公教育において是正されるべき不当な差の条件は「相互に承認不可能であること」とまとめられます。みんなで認め合えない差というのは、結局のところ自分を含めた誰かの自由やみんなの福祉にかなわないということだからです。

学歴の特権性を薄める

山口　逆説には、みんなで認め合える差、合意できる差ならば、正当でよい差になり得るということでもあります。では、差がどのような状態や程度であれば、相互に承認可能なのか。

おおた　それが私が用意した二つめの質問です。

山口　ここからは科学的なエビデンスも大事になってきます。たとえば、行動遺伝学の知見。この学問領域の出発点にあるのは、心理学者・行動遺伝学者の安藤寿康《あんどうじゅこう》さんが言うように、「一人一人がすべて、誰とも異なる遺伝的に独自の存在である」という視点です。

自分と同じ遺伝子の組み合わせをもった個人は、過去・現在・未来において、一人も存在しない。正確には、一卵性双生児を除けば、ですけれど。しかも、遺伝と交互作用して形質の発現を決める環境は相当程度、偶然に左右される。だからひとは、同じ顔のひとが一人としていないように、それぞれにまったく異なる存在になる。

とすれば、自由や自由の相互承認を実質化するために必要な公教育もまた、半ば必然と、一人一人異なるということになります。むしろ、一人一人に応じた差がないことのほうが、公教育にとって問題ではないでしょうか。

おおた　仮に、何かマジカルな方法で教育格差を解消したのにそれでも結果的に学力や学歴に差ができたとしたら、その差は何によってできたといえるのか。

山口　極端な言い方をすれば、すべては生まれもっての素質や才能が決めることになります。我々は現在、ある形質の表現を遺伝と環境の交互作用によって説明したり理解したりするモデルしかもち合わせていません。このモデルにもとづく研究の結果に従うかぎり、当然そのような結論に至ります。

ここ一〇年ほどで、「ポリジェニックスコア」の存在が広く知られるようになりました。ポリジェニックスコアとはゲノム解析から算出される遺伝的な定量指標のことで、たとえば個人の学歴についても一〇パーセント以上が説明できるようになってきています。そして、そのなかでも学歴に関連する「学歴ポリジェニックスコア」についての一連の研究が明らかにしたことの一つは、このスコアには親の社会経済階層をまたぐ分布が認められることから、遺伝の側からは世代を追うごとに階層を流動させるような方向での影響があるといえること。もう一つは、このスコアが高い者はどのような学校でもパフォーマンスが高い傾向がある一方、スコアが平均または低い者は学校の質がパフォーマンスに影響する傾向がある、ということ。

おおた　俗的にいってしまえば、生まれつきの〝頭の良さ〟ですね。学歴ポリジェニックスコアが低い者ほど恵まれた教育環境を必要としている。具体的には、社会経済的地位が高い家庭の子どもたちが集まる学校にいると、学歴ポリジェニックスコアが低い子でも学習意欲が持続しやすいというデータもあります。

山口　ただ、「教育格差の完全な解消」という話は、あくまでも机上の思考実験の話。現実の環境には相当程度に偶然が作用するし、仮に教育格差のみが是正されても、その他のさまざまな要因が成長や学びには作用します。行動遺伝学の知見が明らかにするとおりで、私たちが自分の人生を自身の意思でコントロールできる割合はそれほど大きいものではない。教育や政策までを足し合わせても全体の一～二割程度だといいます。

おおた　本人にはどうにもできない「生まれ」による影響を打ち消したとしても、やっぱり本人にはどうしようもできないその他の環境要因によって差が生じてしまうのであれば、学力や学歴の差はどこまでいっても運のような気がします。だとすれば、学歴によって収入や社会的地位が決定づけられてしまう学歴格差の構造のほうこそ緩める必要があるのではないかと思うのですが、いかがでしょうか（一七九ページ図6参照）。

山口　図6は現状を表す図としては妥当だと思いますが、この構造のまま不当な差を解消しようとしても無理があります。つまり、我々が考えなければならないのは、そのような現状が事実あったとして、自由の相互承認や普遍福祉にかなう「よい」教育や経済、社会のあり方はどのようなものか、それはどうしたら実現できるのか、ということです。

仮にすべてを遺伝的な素質や才能が決める社会になったとして、個人の素質や才能をどのような望ましさの方向に使うのか。これは完全に哲学的な価値の領域の問題で、いくら科学的なデータを事実として積み上げても答えにはたどり着けません。苫野がよく言っていることですが、哲学なき事実学だけの教育格差研究はこのような意味において次の次元に引き上げる必要があります。

そこで、私ならまず、「学力・学歴」と「収入・地位」のそれぞれを多重指標化します。教育段階において、単一のモノサシで子どもたちを序列化しないということ。社会においても、収入や地位以外の多様な価値観で各人の幸福や生き方をとらえるということ。自由を欲望する存在という意味ではみんな同じですが、欲し望む生き方の内実という点では一人一人異なるからです。そのような指標を定めることで初めて有効な調査が実施可能になり、有益なデータが得られます。そこで初めてエビデンスベースドな教育政策決定が可能になるのです。

次に、各人の欲し望む幸福や生き方のために、各人の遺伝的な素質や才能を最大限に活かして各人に必要な資質や能力を育むことができる教育環境の実現を目指します。あるひとが望む自由な人生において、学歴が必要ないのであれば、高学歴を得るのに不利な生まれの環境であっても、それを気にする必要もなくなるでしょう。

さらに、一人一人異なる個人が互いの得意を活かし苦手を補い合えるような、つまり凸

図7　教育段階と社会に出てからの多重指標モデルイメージ

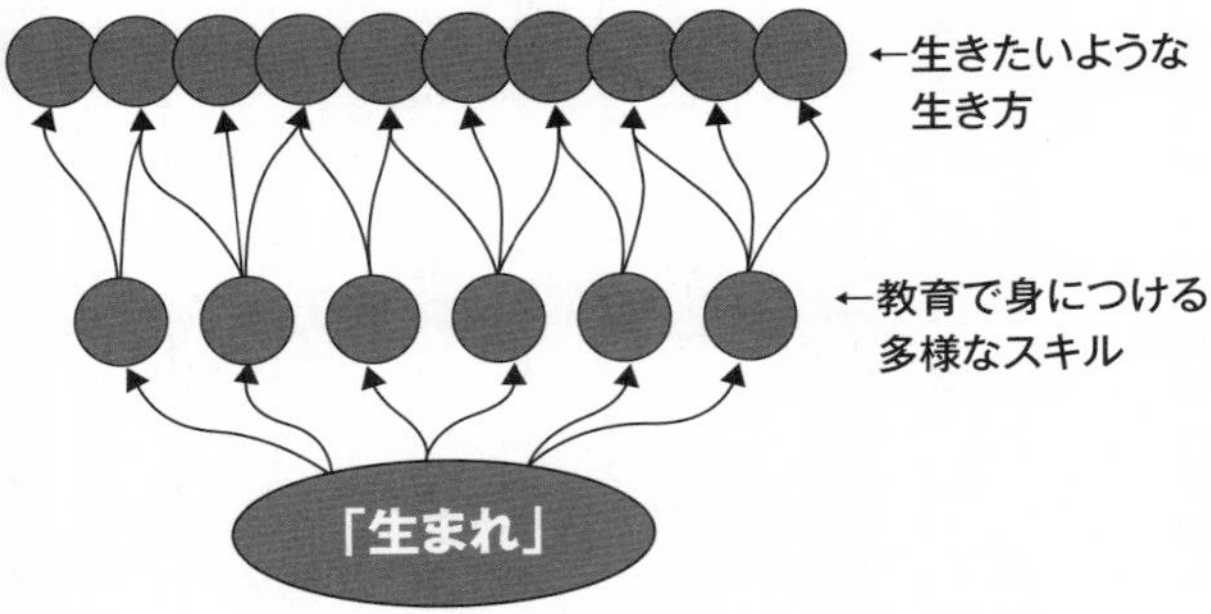

と凹がうまく調和するような教育、ひいては経済や社会の実現を目指すべきだと考えます。

まとめると、「生まれ」→「学力・学歴」→「収入・地位」という単線のモデルを、一人一人が自分なりのパスを引くことのできる複線のモデルに展開するということです（図7）。そして、現在の事実つまり現状をふまえたうえで、自由の相互承認や普遍福祉にかなう複線モデルの具体的な目標状態を考えることや、その状態に至るためのロードマップを考えることにこそみんなで知恵を絞りたい。それがどんなに困難かは、私自身、教育行政や学校現場で教育格差を確証する種々のデータを扱い、子どもたちやその保護者とも教育相談室をはじめさまざまな場面で接してきましたからわかっているつもりですが、それでもなおこの考えは揺らぎません。

おおた　その発想は、現在「学歴」が特権的にもつ社会的影響力を薄めることともいえそうですね。最終学歴がことさらものをいう学歴差別社会では、「生まれ」によって最終学歴が決められてしまう教育格差の構造を正当だと認めることはできませんが、学歴が、各人の自由を実質化するための手段の一つにすぎないのであれば、教育格差の構造をある程度許容できる可能性があります。あくまでも理屈のうえでは。

学力が高い者と低い者がいるのも、優れた体力をもつ者とそうでない者がいるのも、芸術に秀でた者とそうでない者がいるのも、「遺伝×環境」によってもたらされた違いであって、必ずしも不当な差とはいえない。それらは各人に与えられたギフトであって、公教育の本質と正当性の原理にかなうかぎりにおいて、むしろ積極的に認められるべきとさえいえそうですね。

結果の差を放置してはいけない理由

山口　ただ、本当に難しいのはここから。「差がどのような状態や程度であれば、相互に承認可能なのか」という問いについては、唯一絶対の答えがありません。というわけで現実的には、相互に承認可能な差の状態や程度を、公教育の本質と正当性の原理に照らしながらみんなで問い合い、創り合っていくほかない。

そこで、議論に際してふまえるべきいくつかの論点やデータを共有しておきたいと思います。

おおた　お願いします。

山口　最初の論点は、国や地域、文化や宗教などによる考え方の違いを考慮することです。

イギリスが階級社会であることは先ほど触れましたので、ここではアメリカを例に挙げましょう。一般にアメリカは、結果の平等よりも機会の平等を重視するといわれています。言い換えると、機会の平等が差別なく担保されていれば、結果の不平等つまり格差はある程度まで正当な差として相互に承認可能ということです。

ただし、ここで注意してほしいことがあります。それは、教育のみならず、経済と社会とを含めた三者を一体で考えること。

アメリカの社会には、いわゆるノブレス・オブリージュ（高貴なる者の義務）の精神にもとづく寄付や、宗教的良心にもとづく施しなどがあります。競争に勝った者は、それによって得た富を、社会のため、とりわけ不遇な状況にある者のために使うべきだという文化があるし、教会などの宗教施設がセーフティネットとして機能していたりもする。もちろんZ世代は結果の平等にもより敏感であるなど世代間の差もありますが、少なくともアメリカは市場原理主義だけの国ではありません。

いま、日本で孤立や孤独が問題になっているのは、アメリカに追従して経済における競争原理だけを部分取りし、教育にも転用した影響が大きいと考えられます。いわゆる経済新自由主義の話です。日本では、戦後の高度経済成長の影で地域社会が空洞化の一途を辿《たど》っていたわけですから、その延長線上で経済原理だけ部分取りしたらどうなるかは明白だったはずです。

おおた　だとすると、日本国内でも、地域によって文化の違いがありますから、教育の成果にある種の偏りがあることは、必ずしも悪いこととはいえませんね。それを平準化しなければならぬと考えることは文化の否定になりかねない。普遍福祉として、そこまでを考えるべきということですね。

山口　次の論点は所得や富の偏在と教育費の格差の話です。

所得不平等の指標としては、「ジニ係数」が有名です。ジニ係数は〇から一で表され、完全に格差がない状態が〇、たった一人が富を独占している状態が一です。ジニ係数が〇・四以上になると社会不安や政治不安が生じ、〇・五以上になると暴動が起こるという経験的目安もよく知られたところではないかと思います。ジニ係数が〇・四や〇・五を超えると、差が、多くのひとにとって相互に承認不可能な不当なものとして実感されると解釈できます。日本は、先進国のなかではジニ係数が高いほうの国に入ります。二〇二一年度の厚生労働省「所得再分配調査」だと、世帯単位では当初所得で〇・五七〇〇、再分配所得で〇・三八一三。三〇代で上昇傾向にあるのが特に心配になる変化です。相対的貧困率は最新のOECD Dataだと一五・七パーセントで、G7中では最も高い値です。

所得や富の偏在については、さまざまな論者が問題視しています。『21世紀の資本』（みすず書房）のトマ・ピケティは、資本収益率が経済成長率を上回るから格差が拡大していくのは必然だと看破しています。『格差の世界経済史』（日経BP）のグレゴリー・クラークによれば、社会的地位の二世代間の相関係数（マイナス一からプラス一の値をとる。相関は、プラス一やマイナス一に近いほど強く、〇に近いほど弱い）は〇・七五。これが正しいとすると、ある時点でエリート階層にいる家族の子孫は、なんと二〇世代にもわたって平均以上の社会階層に留まる可能性が高いことを示唆しています。

こうした所得や富の偏在は当然のことながら、教育費の格差につながります。この点については、『ディスタンクシオン』（藤原書店）で知られるピエール・ブルデューの「文化的再生産論」が有名です。日本でも、ここ二〇年ほど所得階層による教育費の差が年々広がっていることは総務省「家計調査年報」を参照すればわかりますし、自治体によって子育て支援策の差が広がっているという指摘もあります。ここには「移動できる者とできない者の差」も関連してきますから、差は開く一方です。

現状を放置するのなら、教育社会学者の本田由紀《ほんだゆき》さんがいうところの「ハイパー・メリトクラシー（超業績主義）」どころか、マイケル・サンデルが問題視するところの「プルトクラシー（富裕層による支配）」に行き着いたとしても仕方がないと感じます。

不遇に置かれた者の「なんで、自分だけ？」という思いは、「どうせ、自分なんて……」から「どうせ、おまえらは！」へと展開します。意欲の減退が所得や富の偏在を生んで、ひいては他者や社会に対する倫理を崩壊させていく。エミール・デュルケームがいうところの「アノミー（社会の無秩序状態）」です。この状態になれば富裕層とて逃げ切ることはできないし、むしろ、攻撃や暴力の対象になる可能性すらある。

こうしたアノミーが、自由や自由の相互承認、一般意志にもとづく普遍福祉に反することは明らかです。だから、所得や富の偏在や教育費の格差は無視・放置できないし、不遇な状況にある者には、みんなの合意の下、実質的公平性として手厚く公教育を届けることが望まれるわけです。

おおた　いくら〝正当な競争〟の結果であったとしても、所得や富の偏在自体はしまいにはアノミーを引き起こすので、放置はできない。仮に教育格差がなかったとしても、結果的にできてしまった差を是正するために累進課税のようなしくみが必要だという論理的根拠ともいえますね。

分断が感情的能力の劣化を招く

山口　ただ、私がいちばん訴えたいのは、次の点です。所得や富の偏在や教育費の格差によって社会の流動性が失われたり分断が進んだりすると、ジャン・ジャック・ルソーがいうところの「ピティエ」つまり憐《あわ》れみや共感性が十分に育たなくなる可能性があるということです。社会学者の宮台真司《みやだいしんじ》さんがいうところの「感情的能力」ですね。

この能力は、言うまでもなく、市民社会の原理である自由の相互承認において最も基礎になるものです。

おおた　ピティエは一般意志の前提であり、一般意志は普遍福祉の前提ですね。そこが損なわれれば、何が普遍福祉だかもわからなくなります。ではなぜ、社会の分断が進むと、感情的能力やピティエが育ちにくくなるといえるのでしょうか。

山口　ゴリラの研究で著名な人類学者・霊長類学者の山極壽一《やまぎわじゅいち》さんが、信頼の形成に関する興味深い発言をされています。我々は、視覚優位の世界認識をもつけれど、信頼を高めるためには、触覚や味覚、嗅覚《きゅうかく》といった他者と共有しにくい感覚が重要だというのです。つまりフィジカルにともに生活する経験・体験こそが、他者への信頼ひいては共感や憐れみを育てるということです。

民主制は、これも宮台さんがよくおっしゃっているように、正常に機能していれば、インプットに対して素直にアウトプットを返すという制度的特徴があります。つまり、インプットとしての一般意志がだめなら、アウトプットとしての普遍福祉もだめになる。では、他者への信頼、共感性や憐れみを失った個人ばかりの社会で、民主制はどんな帰結をもたらすでしょうか。

現在の日本の状況を見れば、火を見るより明らかですね。代表的な事例は、先般のコロナ禍。社会心理学者の三浦麻子《みうらあさこ》さんたちが二〇二〇年に実施した調査では、「感染は自業自得」と回答した日本人の割合は一一パーセントで、米英の約一〇倍。中国と比較しても倍以上。その感覚を前提にしたインプットが、政策としてアウトプットされるわけです。

その結果が入管法改正やLGBT理解増進法だといっていいのではないでしょうか。

以上のような理由つまりエビデンスから、所得や富の偏在や教育費の格差は、放置できない、不当で、よくない、相互に承認不可能な差であるといえます。少なくとも私は、この差を正当と認めることなどできない。

子育ての社会化と探究の機会拡大

おおた　そこで無料塾が登場します。三つめの質問「政策としての無料塾推進の是非」に話題を移していきましょう。

山口　結論からいえば、無料塾推進の是非については、「不当な差を縮め正当な差を伸ばすなら是、そうでないなら非」というのが私の答えです。「不当な差を縮める」だけでなく「正当な差を伸ばす」という部分が入っていることがポイントです。よって、教育費の格差の拡大や貧困の連鎖の現状からすれば、一般的には是であると考えます。

ただし具体的に無料塾を政策として語る場合には、全体性と固有性の両方の視点を忘れてはいけません。

現在、全国の約一割となる一七〇の自治体に公営塾があり、過疎の地域に比較的多い傾向があるそうです。つまり無料塾は、間接的ではありますが、人口減少対策としての側面をもち合わせているということです。

おおた　私もそのような事例を取材しています（一四〇ページ）。

山口　ほかにもたとえば、貧困対策という機能もあるでしょう。保健福祉分野の話です。教育分野では、習得の最低保障や探究の機会拡大の機能が期待できます。市民生活分野の観点からいえば、まちづくりやコミュニティー形成、さらには産業振興の側面も合わせもたせることができますよね。

つまり、何が言いたいかといえば、「無料塾」と一口に言っても、複数の行政分野にまたがる目的や機能があるということ。これが政策の全体性の観点です。しかも各自治体において、何のためにどの程度無料塾を推進するかについては最適解が異なります。これが政策の固有性の観点です。

おおた　無料塾の社会的機能をはじめから限定して考えてはいけないし、異なる課題をもつ自治体では無料塾が果たすべき社会的機能が違って当然ということですね。

山口　とはいえ、無料塾に期待される役割は、多くの場合、保健福祉分野と教育分野に集中するでしょう。

保健福祉分野で特に考えておいてほしいのは、無料塾の推進が、貧困対策なのか、それとも子育ての社会化なのか、ということです。

貧困対策としての側面は、すでに所得や富の偏在や教育費の格差のところで説明したので、ここでは子育ての社会化について話します。

高齢期の生活についてはみんなで支えるという認識が日本の社会にはあります。社会保障制度という形で高齢期の生活が社会化されているわけです。一方、子育て期間中だって、働いて糧を得るという意味では多くの制約を受けます。でも、国による少子化対策のための予算増に約六割が反対しているという新聞報道が示すように、現在の日本社会においては、子育てを社会化するという観点や議論が乏しい。

本来、子育ても公教育も「コモンズ」つまり社会の共有財であるはずなのに。

おおた　教育の受益者は教育される当人のみならずそれを含む社会全体であるということですよね。

山口　そのとおりです。無料塾は、とかく貧困対策として話題にされることが多いようですが、子育てや教育を社会化するという目的や機能を担わせることもできるということには、自覚的であってほしいと思います。

おおた　それは多くの無料塾関係者が自覚していると思います（九二ページ参照）。

山口　なお、子育てや教育の社会化という目的や機能で無料塾の具体化を進めるなら、地域との共同経営の観点が重要になるでしょう。地域のみんなでフィジカルに子どもたちの学びと成長に触れることが大事です。

おおた　私が取材したかぎりでは、小規模な独立系の無料塾のほうが地域との密な関係を結ぶことに成功している印象があります。行政が絡んだり規模が大きくなったりすると、リーチできる範囲が広がる半面どうしても淡泊になりがちで、貧困対策の側面が強くなるようです。地域のニーズに応じた役割分担が必要だと感じます。

山口　教育分野については、習得の最低保障と探究の機会拡大という、教育がもつ二つの側面から可能性を探ってみましょう。

経済的困窮を背景に学習に困難を抱える子どもたちは、モチベーションやそのコントロールにこそ課題があることが多いんです。ですから、フィジカルに関係を結んで信頼関係を築いたうえでモチベーションを上げたり支えたりするところから習得の最低保障に取り組むのならわかりますが、AIドリル学習教材をオンラインでのみ与えるような無料塾ならあまり意味はないと思います。

ただ、教育にはもう一つ、とても大事な側面があります。先ほどのような学習は「模倣的様式」といって、正解と効率が重視されますが、他方で「変容的様式」の学習もあって、こちらでは個性と独創性の育成こそが重視されます。つまり自分らしさを伸ばす学習、というよりは「探究」ですね。先ほど話した「単線モデルを複線モデルに」という話や正当な差の考え方をふまえつつ、そこでこそ無料塾に力を発揮してほしい。

おおた 学校併設型の公営塾の運営にかかわる支援会社の代表が同じことを言っていました(一四七ページ参照)。

山口 無料塾を、正解と効率を重視する習得の最低保障のためにやるのか、それとも、個性と独創性の育成を重視する探究の機会拡大のためにやるのか。もちろん両面あっていいわけですが、この二つのバランスをどのようにとるべきかよく考えてほしいと思います。

学校はいまのままでいいのか?

おおた　無料塾が増えて、公教育を補うようなさまざまな機能を果たしてくれれば学校はいまのままでいいのでしょうか。

山口　それについては三つに分けて言いたいことがあります。

第一に、そもそも学校は変わらなければならないということ。子どもたちは一人一人多様。多様な個性を一斉一律の中に押し込めるべく教員主導で管理的にかかわれば、不適応を起こす児童生徒が出てくることは半ば必然。その結果が、落ちこぼれや吹きこぼれ、不登校や特別支援といった課題です。しかし、児童生徒の学びと生活に関する自己選択の機会を最大化し、自己決定で貫徹すれば、大きく分けて、二つのメリットが得られます。一つは、学校の包摂性が高まり、みんなとともに学び生活できる児童生徒が増えるだろうこと。もう一つ、内発的動機づけが高まり、学びと生活に対する意欲が向上するだろうこと。

当法人が提唱するところの「学びの構造転換」、つまり一人一人の違いから出発する学校、ひいては公教育制度への転換の必要性です。

第二に、とはいえ学校がすぐに変われるわけではないし、現に無料塾を必要としている子どもたちがいるということ。その意味において、無料塾は必要です。

第三に、仮に学校が変われたとしても、学校や教員にできることには限界があるということ。

以上をふまえて、最後に、個人的な願いを述べます。

子育てや教育の社会化をよりいっそう進め、かつ、自分らしさを伸ばす探究の機会拡大のためにこそ、無料塾を推進してほしいと私は思います。子どもたちを真ん中に置きつつ、学校と地域、保健福祉分野と教育分野の連携・協働を通して。ひいては、教育をまちづくりにつなげることで、市民社会をよりいっそう成熟させるために。

だから、できることなら、世代や性別、言語や文化、障害の有無といった違いを超えてたくさんのひとたちが交流できるようなところを、言い換えれば、違いが当たり前になるような機会となることを目指してほしいなと思います。そのような無料塾はもはや、補習と受験のための一般的な学習塾とは似て非なるものです。別の何かいい呼称はないものですかね？

おおた　無料塾の運営者がまったく同じことを言ってました（九三ページ参照）。

山口　子育てや教育の社会化と探究の機会拡大とを無料塾の存在意義の幹に据えて、この幹を太く豊かに育てる。そのためにこそ、障壁となる貧困その他の要素を取り除いていく。そのような順序で考えてみてほしいです。教育格差のような課題への対処を自己目的化するのではなく、もっと大きな望ましさを実現する過程に、障壁となる課題への対処を位置づけるということです。

各人の自由と社会における自由の相互承認の実質化のため、一般意志にもとづいて普遍福祉を目指す市民社会を教育を通してつくろうと思えば、自分と同じくらい、他者についても考えなければなりません。考えることで、感情的能力は育ちます。「やさしさ」は感性の問題と思われるかもしれませんが、「かしこさ」つまり理性にも支えられているからです。やさしさをよりよく形にして誰かに届けるためには、かしこさが不可欠とさえいえます。かしこさは、やさしさのためにこそ使ってほしい、とも。

おおた　それができない「賢さ」を「小賢《こざか》しい」というのでしょう。

山口　ですね！　とすれば、私が最後に言えることは、無料塾を、自分なり、自分たちなりに考えるための材料・題材にしてほしいということ。

おおた　さまざまな矛盾を宿命的にはらんでいる無料塾という存在と向き合うと、教育のみならず社会がどうあるべきなのかを根底から考えざるを得なくなります。だから今回私は、無料塾の扉を開けてみました。

山口　私も、みなさんとともに考えていくうえで共有したい哲学の原理と科学的なエビデンスを提供させてもらったつもりです。

第四章　能力主義という欺瞞《ぎまん》

組織開発コンサルタント　勅使川原真衣さんインタビュー

仮に教育格差が是正されて、完全な能力主義社会（メリトクラシー）が実現すればそれが理想なのか。ことはそう単純ではないと、組織開発コンサルタントの勅使川原真衣さんは警鐘を鳴らす。教育社会学を修めたうえで労働市場の現場に深く関わってきた。能力主義的社会観の危険性を、教育と労働市場の関係という観点から話してもらった。

勅使川原真衣　てしがわら・まい
東京大学大学院教育学研究科修士課程修了後、外資コンサルティングファームを経て独立。企業、病院、学校などの組織開発を支援する。著書に『「能力」の生きづらさをほぐす』（どく社）がある。

個人を万能化しようとする社会

おおた　組織開発コンサルタントの立場から、さまざまな組織の現場をご覧になって、〝能力〟とは関係性のなかで発現の仕方が変化するものだと、ご著書『「能力」の生きづらさをほぐす』で指摘されています。つまり、能力を個人に属するものであるとする人間観自体が間違っていると。そのうえで、能力主義的社会観そのものを鋭く批判しています。

勅使川原　ダメ社員だと思われていたひとが、異動しただけで高いパフォーマンスを発揮するなんてことはよく聞く話ですよね。どういう関係性のなかでどういう役割を与えるかによってそのひとが発揮する能力は大きく変わるのに、労働市場においても教育においても〝能力〟を個人に属するものと決めつけたうえでさらに、個人を万能化しようとする議論が止まりません。

おおた　個人を万能化？

勅使川原　たとえばもともと学校の役割は、主に「学力」、次いで「体力」や「道徳心」の向上でした。しかし二一世紀になったころから学習指導要領に人間力とか生きる力とか広い概念が加わるようになり、一般化されました。さらに現在は、学校に限らず広く社会において、美意識とかリーダーシップとかアントレプレナーシップのような精神性まで要求される流れにあります。

「○○力」みたいな新しい能力の概念が次から次へと生み出され、どうやったらそれを個人にインストールできるのかが、労働市場においても教育においても延々と議論されています。

各能力を測定し強化する必要があるので、そのためのテストや研修が開発され、商品化されます。テストの結果にもとづいて、あなたは「○○力」が低いからそこを強化しましょうといって、研修を受けさせられます。

おおた　いわゆる「ハイパー・メリトクラシー」ですね。その流れは、二〇一七年に『習い事狂騒曲』（ポプラ新書）を書いたときに感じました。かつてのシンプルな学歴社会では、良くも悪くも勉強だけしていればよかった。でもいまは、高学歴は当たり前で、さらに英語もプログラミングも音楽もアートもできなきゃいけない。

非認知能力なんて言葉はその最たるものです。もともと、社会でうまく生きていくためにはペーパーテストでは測定できないなんらかの能力が必要だという程度の意味でしかないのに、「それって何? どこで手に入るの?」と言わんばかりのブームになり、多くの親がそれを求めて幼児教室や習い事に殺到しました。かつての右脳教育ブームにも似ています。

勅使川原　一九九九年の「経済戦略会議」の答申では「21世紀の日本経済が活力を取り戻すためには、過度に結果の平等を重視する日本型の社会システムを変革し、個々人が創意工夫やチャレンジ精神を最大限に発揮できるような『健全で創造的な競争社会』に再構築する必要がある。(中略)行き過ぎた平等社会に決別し、個々人の自己責任と自助努力をベースとし、民間の自由な発想と活動を喚起することこそが極めて重要である」とうたわれました。

おおた　サッチャリズムやレーガニズムのようないわゆる新自由主義的流れに日本社会も乗ろうという動きですね。

勅使川原　その結果がいまの「格差社会」ですよね。「自己責任」という言葉も身近になりました。個人の能力を競わせることで経済発展を目指すという論理自体が、決して自明なことではなく、むしろ意図をもってつくられたものであるということに、私たちはそろそろ気づくべきではないでしょうか。

教育格差をなくしても社会の歪みは直らない

勅使川原　能力のあるひとが限られた社会資源の配分の多くを手にするべきだという考え方が、配分の社会原理としての「能力主義」です。では、多くを手にするといったときに、何を多く手にするのかというと、それが何百年も「お金」なんです。要するに「経済力」です。でも本当は、お金以外にも、尊厳なのか自由なのか名誉なのか、別のものを配分するという考え方もあるべきですよね。

手にする経済力が個人の能力と密接に結びつけられたので、格差があるなら自助努力によって能力を身につけさせることで埋めていこうという論理が成立するように見えます。そこに、教育によって格差をなくそうという発想が生まれます。

経済発展のための競争社会の副作用として、格差拡大が起こることはわかっていたのに、再配分については十分に手を打ってこなかった。それをいまさら教育の力でなんとかしようというのは本末転倒な気がします。これは「社会問題の教育化」であるとして、多くの専門家が批判しています。

おおた　勅使川原さんは、大学院で教育社会学を修めています。そのときの指導教員の一人だった苅谷剛彦《かりやたけひこ》さんは、一九九五年の著書『大衆教育社会のゆくえ』(中公新書)ですでに、「戦後の日本社会における能力主義と平等主義との奇妙な結合関係」に着目し、「社会が教育に高い価値を置き、教育の平等を求めれば求めるほど、メリトクラシーの大衆化が進行する」と指摘しました。その著書は「教育に何ができるのかを考えるのではなく、何ができないのかを考えること。教育に何を期待すべきかではなく、何を期待してはいけないのかを論じること」という提言で締めくくられています。

教育に期待すべきこととすべきでないことの結節点に、まさに無料塾があるというのが、今回の私の取材後の印象です。私の考えではたとえば、期待すべきことは一人一人の違いを認めて伸ばすこと、期待すべきでないことは社会における不都合をごまかす調整弁になること。

勅使川原　「差」を問題にすると当然、「差」の解消が唯一のソリューションと化します。そういうやり方は、問いへの注目度を上げる一方で、課題解決ロジックまでも飲み込んでしまう危険性があります。たとえば塾に行っている子と行っていない子の差を問題にすると、お金がなくても行ける塾の話になり、そこさえケアすれば課題解決をしている気にすらなってしまう。

おおた　それがまさに無料塾です。

勅使川原　教育格差として現在認識されているものを打ち消せれば、現在の社会の歪んだ能力観における不平等は是正できるかもしれませんが、そもそもの歪んだ社会を変えることにはなりませんよね。

まわりと比べて足りていない学力を補うようにけしかけて、競争をレベルアップするという意味では経済戦略会議の思惑通りですが、そんなことをいつまで続けるのでしょうか。きりがありません。

おおた　そこは無料塾の関係者たちも口をそろえるところです（六八ページ参照）。でも現状がこうであるかぎり、目の前の子どもたちを放ってはおけないから、活動されています。

勅使川原　それはもっともなことです。一方で、解くべき問題の本質をとらえるという意味では、数値化できる格差ばかりに目を奪われるあまりに社会課題を矮小化《わいしょう》するようなことはあってはいけないと思います。

「能力」ではなくて「機能」をもち寄って、みんなで活躍しようよ、という話であれば、測るべきものがもっと多様化するはずです。すると、学校段階における「違い」は「格差」ではなくて単なる「分岐」ととらえられるはず。

お互いが発揮しやすい機能をもち寄って社会全体としてやりたいことをやればいいのであって、一人一人がそれぞれ万能になる必要はないということは、教育界と産業界の両面においてもっと認知されるべき概念だと思っています。

一〇〇点満点主義が成長を妨げる

おおた　運動が好きな両親のもとに生まれれば、足が速くなったり筋力が強くなったりする確率は高いでしょう。音楽好きな両親のもとに生まれれば、カラオケでいつも高得点がとれるかもしれません。それをずるいとかいいませんよね。同様に、読書家の両親のもとに生まれれば、読書が好きになってペーパーテストで有利になって、高い学力や学歴を得られる確率は高いでしょう。勉強ができることも、そういう違いのひとつでしかないはずです。でもこの社会では、それがことさらにものをいう。長らく「学力≠能力」ととらえられてきたことの名残であり、いわば「学歴バブル」状態です。

でも実際は、いわゆる勉強が苦手でも、たまたま絵の才能があったり、その才能を伸ばす環境が整った家庭に育ったりした子どもが、絵に夢中になって、その才能を活かして生きていけるならしあわせだと思います。絵筆の力だけで生きていくのは現実的に難しくても、ゲーム業界やＩＴ業界でその才能が活かせるかもしれないし、たとえば農業や林業とのコラボレーションでイノベーションが起きるかもしれません。

たまたまもっていて開花した得意分野が、世の中のニーズや風潮にぴったり合っていればスポットライトを浴び、高い地位や収入を得ることになるでしょう。世の中の追い風が得られなければスポットライトを浴びることもないかもしれませんが、自分の仕事に夢中になれて誇りをもてているかぎり、尊厳のある生き方ができるはずですよね。

世の中にどんな風が吹くかなんてわかりません。高い地位や収入を得られるかどうかは、結局のところ運なんだと思います。仮にひとより高い地位や収入を得ていたとしても、自分が優秀だからだなんて思わないほうがいい。

だから何もしなくていい、努力しなくていいというのではなくて、自分なりに目標を定めて努力する過程で、自分の好きなことに夢中になれたり、自分なりの仕事の仕方に誇りをもてたりすることが、尊厳につながるんだと思います。尊厳を自由と言い換えてもいいかもしれません。

こんなことを言うと、脱成長論みたいに思うひとがいるかもしれませんが、違います。主要五教科の総合点を一〇〇点満点の枠の中で競わされる社会だからイノベーションが起こらずに成長が止まってしまうのではないですかとむしろ言いたいわけです。

一〇〇点満点という枠があると、せっかく数学で一八〇点をとるポテンシャルがある子どもが教室にいても一〇〇点満点以上はとらせる必要がないから、四〇点しかとれていない英語を六〇点に伸ばすことにエネルギーを割かなければいけない。そうしなければ高学歴は得られないから。

すると社会全体としても、一〇〇点満点が天井になってしまい、一八〇点や二〇〇点の領域に手が届かない。

冒頭で勅使川原さんが個人の万能化とおっしゃいましたが、まさにその弊害ですよね。数学で一八〇点とれる子どもにはとってもらって、理科で二〇〇点とれる子どもにはとってもらって、美術が三〇〇点相当の力をもっている子どもにはそれを存分に活かしてもらって、それぞれを機能としてもち寄れば、社会全体の天井は上がっていくはずじゃないですか。

勅使川原　それって何かの方法で示せないですかね。私もそれを示せたらいいなと思っているんです。

おおた　その代わり、そういう教育をしていたら、生徒Aと生徒Bのどちらが優秀かを比較できなくなる。だから競争もできなくなる。でも、それでいいですよね。

かけっこで順位をつけるなといっているわけではないんです。かけっこでも、歌のうまさでも、数学のテストでも、国語のテストでも、それぞれの分野での順位はつけてもいい。それぞれの凸凹を組み合わせて、お互いの持ち味が発揮できるようにチームをつくったりクラスを編成したりすることが当たり前になればいい。

それぞれの分野で、これくらいはできるようになろうねという目標を便宜上設定してもいいけれど、そんなものをいくら測定して集めても一人の人間の能力を表すことにはならないということこそ当たり前として社会が認識するようにならなきゃいけないような気がします。

不安が不安を生む悪循環

勅使川原　過去の富や名声から〝成功〟を定義して、成功のリバースエンジニアリングをする形で成功するための能力開発や人材育成がなされてきました。

おおた　ＯＥＣＤの「キー・コンピテンシー」がまさにその方法で構築されました。その視点に立つと、少しでも正確に将来を予測して、それに適合的な教育を子どもに与えるみたいな発想になります。実際にそういう発想は日本において、社会のレベルでも家庭のレベルでもはびこっています。そこに親の愛情と責任感が加わると、不安はとめどないものになり、競争圧がどこまでも高まっていく。

勅使川原　それ、やめてくれないかな……。というのも、もうこの時代、成功って定義しきれないですよねってところまでは社会として共有できているはずだと思うんです。予測して備えると安心できるからでしょうか。

おおた　でも、安心したいと思う前提にある不安そのものが、将来を予測しようとする構造の中で構築されたものですよね。まさにマッチポンプです。しかもその因果律的思考って、ものすごく西洋的、近代合理主義的な発想だと感じます。アジアの国々とか、ポリネシアンとかネイティブ・アメリカンとか、もっと古くからの土着文化に根ざすひとたちは、かなり近年までそういう発想自体をもっていなかったんだと思うんですよね。明日は明日の風が吹く、みたいな。明日何が起こるかはわからないけど、だからこそ過度に不安になってもしょうがないというマインドセットでいられます。

勅使川原 二〇二二年には経済産業省が「未来人材ビジョン」を発表しました。先行研究において情報収集されていた五六項目の意識・行動面を含めた仕事に必要な能力等を整理して、二〇五〇年に特に求められるであろう上位一〇項目まで予測されています。

おおた 予測不可能な時代を予測するのをやめられない……。これを真に受けた学校や家庭が、子どもたちにこの一〇個をインストールしようとしてあれこれやらせる姿が目に浮かびます。

勅使川原 仮に躍起になって一〇個ぜんぶを身につけさせられてもそのひと自身がしあわせになるかどうかなんてわからないってことにみんな気づくべきだと思います。収入っていう尺度で測るとそれなりに相関が出てしまうと思うんですけど、しあわせとか尊厳とか自由とかそういうことを尺度にしたら、一〇個あっても関係ないという結果になるんじゃないかと思います。能力だけに飽き足らず、貢献度に応じた適正報酬とかいう概念もあります。でも、組織における個人の貢献って、単純にわかるものではないですよね。

おおた　ただそこにいるだけでまわりの気持ちが和んで組織のパフォーマンスが上がるってことはありますし、それこそ生まれたばかりで無力なわが子を見て親は頑張って働こうって意欲を高めたりもするわけだし、蟻の群れでは二割くらい何もしない働き蟻がいること自体にも意味があるっていいますし、それぞれがそれぞれのやり方で組織だか社会だかに貢献しているわけです。ものすごく広い視野でとらえれば貢献度に差なんてあるわけがない。

とはいえ、社会のしくみとしてはなんらかの指標が必要だから、能力だとか貢献だとかいう概念を便宜上仮置きしているだけだと思えばいいんじゃないでしょうか。あくまでも社会を回すための手段であって、それ自体を目的化してはいけないということに社会として自覚的ならいいんじゃないかと理屈では思うんですが、実際にはいとも簡単に手段が目的化するんですよね。

学校の勉強だって、昔は、勉強ばっかりやってるとバカになるぞとか、勉強以外にもっと大事なものがあるって言ってくれる大人がたくさんいたわけですよね。社会の一員になるために、学校の勉強もやらなきゃいけないけど、でもそれが目的化しちゃったらだめなんだとたしなめる役割が社会の中に存在していました。世の中が単純な因果律ではできていないという感覚が当たり前のように共有されていました。

それが人間を人間らしく保っていたのだと思います。でもいまは、その感覚が薄れている。何でも因果律で説明できるかのような錯覚に社会全体として陥っている。その結果、人間は各種「能力」をインストールされるロボットみたいになっていく。ディストピア小説みたいですね。

無料塾は「有料塾の廉価版」ではない

勅使川原　そもそも無料塾というのは補習目的なのですか、それとも受験指導をするのですか。

おおた　どちらもありますが、メジャーなのは、中学生を対象に高校受験対策を行う無料塾です。少しでもいい高校に入ってもらって将来の選択肢を増やそうという考え方です。

学歴主義が前提になっているしくみではあります。

勅使川原　労働市場において「学歴」は、何かを成しうる能力のシグナリングとして機能しています。頑張り力みたいな。その前提には、ものすごく我慢して努力をしたひとが報われるべきだという思想があります。

だからメンバーシップ型雇用（職務や勤務地を限定しないでひとまず会社のメンバーになる雇用形式）が維持されるともいえますし、日本の企業がメンバーシップ型雇用を維持しているからこそ平均的に万能な人材の育成が求められてしまうともいえます。鶏と卵の関係です。でもそこを緩めないと社会は変わりませんよね。

おおた　その意味で無料塾が両刃《もろは》の剣であることは関係者の多くも自覚しています。学歴競争における競争力を子どもたちにつけさせるのが無料塾の一義的な役割ではありますが、同時に彼らは、そうやって身につけた力を競争社会の先鋭化に使ってほしくないとも言います（一〇七ページ参照）。

勅使川原　無料塾が対話の場であったり、好きなことを見つける場であったり、自分を好きになる場であったりするならいいんじゃないかと思います。

おおた　実際にはまさにそのように機能しています。少しでも学力を高めて〝いい学校〟

に合格してもらおうとして彼らは子どもたちにかかわっていますが、〝いい学校〟に行くというのは現状の社会において共有しやすい便宜上の目標であって、実際にその過程において無料塾の子どもたちが得ているものは、学力だけじゃなくて、世の中にはこれだけ善意が残っているという手触りなんだと思います。それが彼らの人生を勇気づけている。現場を取材して感じた率直な感想です。しかも、無料塾を核にして、お互いを助け合う地域ネットワークみたいなものまで発生しています（九四ページ参照）。

勅使川原　それはすごい。

おおた　「無料塾」という言葉を使うと、競争社会を煽《あお》る「有料塾」の廉価版みたいに思われてしまいがちですが、実際に果たしている社会的機能は一般的に思われている進学塾とはだいぶ違うと思います。

勅使川原　なるほど。経済格差ならびに学歴格差というのはなくならないと思いますが、それ自体が問題なのではなくて、それらの差が尊厳の差になることが問題の本質だと思います。社会的には立派といわれる職業に就いていても収入が多くても、尊厳がもてないひとはいますしね。

おおた　たとえば医者の子が医者以外の職業を選べずにずっと親の言いなりに生きるしか

ないみたいなのはその典型ですね。

勅使川原　お金があるひとは尊厳もあるみたいな前提で、こっちの仲間に入れてあげましょうよという発想はちょっと違うんじゃないかと思います。無料塾が、学歴とかを媒介しないでも直接的に尊厳を感じられる場であるならば、差を悪いものだとは思わない社会をつくるという意味での一策にはなりそうですね。

分配すべきは糧か名誉か

勅使川原　「お金＝尊厳」だと誰かが思っているんですよ。

おおた　よく使うたとえ話をします。原始人の村でマンモスを狩りに出かけたとします。みんなで槍《やり》で追いつめて、最後、筋骨隆々で〝優秀〟な若者が勇猛果敢にマンモスの背中に飛び乗りとどめを刺したとします。彼は英雄です。でも「これ、俺が仕留めたから全部俺のもの」とは、きっと言いませんよね。柔らかくて栄養価の高い内臓は優先的にお年寄りに渡したり、食べ盛りの子どもがいる家庭には多めに肉を渡したり、村全体が栄えるような合理的な分配をするはずです。いくら英雄でも食べられる肉の量は限られていますから、必要以上に肉を独り占めしたりしないでしょう。その代わり、英雄には、立派な牙が名誉の印として渡されるはずです。

でも現代社会では、お金が、肉と牙の両方の意味を兼ね備えてしまっているからややこしい。お金がもっている糧と名誉の機能を分離できないものかと私は常々思っています。社会に大きく貢献したひとがみんなから認められることはいいことだと思います。でもそれは名誉という形であればよくて、誰かの糧を奪うことになってはいけないと思います。それは村の衰退を意味しますから。

勅使川原　〝すごいひと〟が多くを獲得すべきであるというメリトクラシーの拡張版みたいなことを考えているひとが多いような気がします。でもどんなにすごくても、やっぱり一人でマンモスは倒せない。倒したマンモスを解体するのが得意なひとだって社会には必要です。〝すごい〟の中身はすごく多様なはずだから本当は比べられないという原理的な矛盾がメリトクラシーにはあります。

教育社会学を学んでいるときからとても違和感があったのは、「職業威信スコア」という概念です。親の階層と子どもの階層がどう変化したかという社会階層移動を研究するときに使うのですが、要するに便宜上とはいえ職業に貴賤を設定するんです。弁護士と大学教員と医師が一位と二位と三位です。それが上から下まで百何十種類も並びます。その時点でわざわざ階層をつくり出しているようで、そうやって社会を見ていること自体が問題なんじゃないかという気がどうしてもしてきます。

おおた　そうやってつくられたデータを見せられれば見せられるほど、職業威信スコア上位の職業を子どもに目指させることが善であるという考えが社会全体に浸透しかねません。実際、教育格差の問題が注目されるようになったことと中学受験の過熱は無縁ではないように私は感じています。地方よりも中央というメッセージにもなります。それでは地方がますます衰退します（一四八ページ参照）。

それこそ社会的に上層にいると思っているひとたちが自らつくり出した虚構かもしれないですよね。だって、ご自身も貧困家庭に育ちながら無料塾を運営しているひとたちが、貧困家庭の子どもたちは大変だけれどかわいそうじゃないって口をそろえて言うんです（九三ページ参照）。現実的な損得勘定でいえば大学に入っておいたほうがいいとは思うけれど、一方で、大学に行けないことを気の毒に思うのは大学に行ったひとたちのおごりかもしれないとも彼らは言います（七〇ページ参照）。

実際、高学歴でエリート街道を歩んできたひとが、かわいそうな子どもたちの手助けになりたいと思って無料塾に参加するようになって、自分がとんでもない思い違いをしていたことに気づいたという話も聞きました。自分のほうが社会を知らなかったと言うんですね。

似たような感覚は私も、無料塾だけでなく、ときどき訪問するセブ島の孤児院でも感じました。勝手に上から目線になってた自分が恥ずかしくて。

勅使川原　だとすると、無料塾は、現実と折り合いをつけながら、それでも現実に丸め込まれない子どもたちを育てているところだといえるかもしれない。でもやっぱり、公教育がこれだけ根を張っているのなら、そこを触りたい。公教育にはノータッチで、措置を周縁に丸投げするのは疑問です。

おおた　もちろん公教育が何もしていないわけではありません（一三五ページ参照）。

即戦力を求めるのは企業の怠慢

勅使川原　公教育を根本から変えるには、就職のアルゴリズムから変えないといけないと思います。その意味ではまず、経団連などがよく発表する、学卒者に求める能力・資質のランキングみたいなのをやめたらどうですかね。

おおた　本当ですよね。あれをありがたがって広報するメディアもメディアだし、教育に反映する学校も学校だと思います。そもそも既得権益集団の要望を聞いていて、社会が変わるわけがない。

勅使川原　個人的人間観にもとづく能力の要請を企業が主導するのはいかがなものかと思います。ああ、なんだ、そっか、一人一人の人間の能力の完成度が問われていたんじゃないんだと社会的に認知されたときに初めて、教育は協力することでいいんですね、ってなると思うんです。

学校で、忘れ物をしたら隣の友達が貸してあげればいいし、わからない問題があったらわかる子が教えてあげればいいのに、個人の能力を測って競わせなきゃいけないから、忘れ物は制裁の対象になり、お友達に答えを教えちゃいけないことになっていますよね。

おおた　それが当たり前だと私たちは思い込まされてきました。競争社会を前提として物事をとらえてしまいます。課題解決に向けてのバイアスにもなっているでしょう。意識的にいちど当たり前を脇に置く必要がありますね。で、就職のアルゴリズムの話でした。

勅使川原　大企業のほとんどは、人材を安定的に確保するために新卒一括採用を行っています。そこでまた鶏と卵の話になってしまいますが、日本の大学の学部課程では十分な専門性教育が行われていないので、専門性を基準にするジョブ型雇用（職務内容を明確に定義して、それを遂行するにふさわしい技能や経験をもつひとを採用する雇用形式）ができず、会社の中でどこに配属されるかわからないメンバーシップ型雇用の形式を維持せざるを得ません。

おおた　日本では会社ごとに労働組合がありますが、ヨーロッパでは職種ごとに労働組合がありますよね。

日本で同一労働同一賃金というと、同じ会社で同じ仕事をしているなら同じ賃金にしなきゃいけないという意味です。要するに正規雇用と非正規雇用の格差是正の意味合いです。逆に、まったく同じ仕事をしていても、所属する企業の規模によって給料が違って当然だと思われている。

でも、ヨーロッパだと、どこの会社で働こうと、カメラマンの給料はこれくらいが相場、銀行員の給料はこれくらいが相場というように料金表が決まっている。それを守るようにと、職種ごとの労働組合が企業に圧力をかける。どこかの企業でポストに空きができれば職種内で情報が共有され、職級を上げたいひとがそこに転職するという形で人材の流動性が高い。それがジョブ型雇用なんだと私は理解しています。

勅使川原　ジョブ型人事の基本は適所適材です。ひとと職務をマッチングさせるには、詳細な人材情報と職務要件の双方が必要になります。メンバーシップ型なら出たとこ勝負やありもの調理でもいいのですが、ジョブ型はそうはいきません。常に最新で詳細な人材情報が必要ですし、市場環境などによって当然うつろう職務要件を絶えずアップデートするという煩雑さも避けられません。

おおた　仮にどんなに専門性教育に力を入れたとしても、大学を卒業したばかりではどうせさしたる専門性も技能もありません。でも自分はこの分野で働くんだという意志さえあればいいのではないでしょうか。ジョブ型人事の前提はジョブ型雇用であり、ジョブ型雇用の大前提は自己決定だと思います。職人が弟子入りするのと同じです。入口では能力を求められない。就職してから専門性を身につけていけばいいのではないでしょうか。「即戦力」なんていって、専門性養成を教育現場に押しつけるのは企業の怠慢ではないかと思います。

逆にメンバーシップ型雇用で就社してから、適性検査みたいなものを受けさせられて、あなたはこの職種に適性があるからこの仕事をしなさいなんて割り振られても、興味湧かないですよね。興味がなかったら、専門性だって高まりません。多少適性がなくても、この仕事をやりたいんだという気持ちがあるひとのほうがいい仕事をする可能性は高いんじゃないかと、私は思います。

鶏と卵の関係は急には変えられません。環境の変化に少しでも適応する形で変化した個体が生き残っていく自然淘汰《とうた》の原理が働くのを期待するしかない気がします。そこで我々が社会としてできることは、既得権益集団が変化の芽をつみとることのないように目を光らせることではないでしょうか。

無料塾が実現する「新しい配分」

おおた　その点、無料塾のスタッフが、「私たちは教育の専門家でも福祉の専門家でもない。単なる寄せ集めの大人の集団だ。だけどこの寄せ集めの大人たちでやるしかないじゃないか」と言っていたのがとても印象的でした（七四ページ参照）。

勅使川原　それこそ組織の原型ですね。もともと人間社会なんて寄せ集めでやるしかないんです。それなのに、「あなたには何ができますか？　あなたにはどんな能力がありますか？」って言って仲間に加えるかどうかを選別するようになったのが今日の企業です。
　教育と労働市場の接続の仕方を変えるという意味では、企業の側が選べなくするって、できませんかね。送り込まれた人材の組み合わせで組織をつくっていくしかないようにする。極論ですけれど。

おおた　極論でいうならば、私は、資本による労働力の囲い込みを禁止すべきだと思っています。

勅使川原　えっ!?

おおた　資本が組織を抱え込んでしまうから、その組織を守ろうとする力が働き続けてしまう。人々が、世の中をより良くしていくことよりも、組織の中でのポジション争いに明け暮れることにもなる。
　なんらかのプロジェクトを始めるために資本が投下されたとして、そのプロジェクト遂行に必要な人材が召集され、チームが組まれても、プロジェクトが完遂したらチームを解散するっていうのが、純粋な資本主義のあるべき姿なんじゃないかという気がします。大航海時代の船乗りたちのように。

昔の子どもたちは空き地でそれを自然にやってましたよね。三角ベースをやろうということになったらリーダー格の二人がじゃんけんして、自分のチームに加える友達を順番に選んでいく。当然バッティングや守備がうまいやつが選ばれる。でも次にドッジボールをしようということになれば、チームをいちど解散して、また仲間を選び直す。剛速球を投げられるやつや球をよけるのがうまいやつなど、それぞれの得意を知っていて、うまく組み合わさるように集める。で、サッカーやろうぜってなれば、足が速いやつやドリブルがうまいやつが選ばれる。しかも、みんながなんとなく平等に楽しめるように、ちょこちょこと遊びを変える。学校で教えられなくても、子どもたちにはそういうことを自然にできる力が備わっているってことですよね。

そのような社会では、正社員という概念自体がなくなります。全員フリーランスみたいな。

勅使川原　そうなると雇用の流動性が高まりすぎて不安定にもなるでしょうから、ベーシックインカムの導入も考えるべきですね。

おおた　おっしゃるとおりです。もちろん荒唐無稽なファンタジーですが、思考実験としては面白いんじゃないかなと。

勅使川原　それくらい極端な思考実験をしないと、現状を打破するヒントは得られないですよね。

おおた　一方で、無料塾の子どもたちに聞くと、いろんな大人がいることがわかったと口をそろえます（一九ページ参照）。いろんな職種の大人がボランティアとして集まってきてくれるからです。高学歴を得るだけではなくて、視野を広げることで、人生の選択肢が増えているのを感じます。そのなかで、自分もこんな仕事をしてみたいと思えるような方向性に出会うかもしれません。

勅使川原　それですよね。教育がすべきことは。

おおた　もしかしたらそこは学校がやらなくていいかもしれない。学校はすでに肥大化しすぎているから。職業観や市民感覚を醸成するのは地域コミュニティーに任せてしまうという考え方もありだと思います。地域コミュニティーがなくなっている現実はあるのですが、むしろそこから地域コミュニティーを再生していくみたいな（一四四ページ参照）。

人間には、自然の中でしか学べないこと、実社会の中でしか学べないことがあると思います。いわば「学校」の限界です。でも、いずれも生きていくうえでとても大切なことなので、「公教育」の責任感から、むりやり学校で抱え込もうとする。それでおかしなことになるのではないかと、『不登校でも学べる』（集英社新書）という本を書いたときに思い至りました。

勅使川原　それなら公教育の時間をもっと短くしてほしい。

おおた　そうなんです。だから、義務教育は午前中だけでいいんじゃないかって、半分冗談、半分本気で私は訴えているんです。すぐには実現できなくても共有してみたいビジョンのひとつとして。

給食を食べ終わったら、午後は習い事に行くなり、塾に行くなり、公園で遊ぶなり、それぞれの方法で放課後をすごせばいい。放課後格差ということもいわれていますから、選択肢として、誰でも通える無料塾や地域の子ども会も必ずあるようにする。

大人の目の届かない裏山なんかで子どもたちだけで秘密基地ごっこをする放課後なんて最高の放課後体験だと私は思うんですけど、有償のサービスを享受できる放課後こそ上等だと大人は考えがちです。

早慶以上に行かないとろくな人生にならないぞと家庭で脅されている子どもほど無料塾のようなところでいろいろな大人がいることを知ってほしいし、一方で、基礎的な勉強がままならない子どもがいれば、そこは学校でしっかりフォローする。放課後の教室に学習支援のボランティアスタッフが来てくれてもいい。

そうすれば教員の長時間労働の問題も解消します。授業準備に時間をかけることも可能になり、授業の質向上にもなります。教育を学校任せにするんじゃなくて、地域で子どもを育てる社会への変換です。

勅使川原　それは新しい配分かもしれませんね。

おおた　新しい配分？

勅使川原　経済を配分するのではなくて、社会負担を分担することへの発想の転換です。社会学的な観点からものを見るとつい現状ある差に着目してそれを埋めるために稼げるひとをどう増やすかとか雇用可能性の平等を目指すとかそういう方向性に考えてしまうのですが、なかなか新しい生き方の提示みたいなことはできていないんです。

受験勉強をただ教えるだけだと、学歴社会への追従であり、教育競争圧を高めているだけになってしまいます。それは形骸化された善意であるような気がします。でも、無料塾の果たしている役割はそれだけではなさそうですね。どうやってすでにある格差を埋めるかではなくて、どうやって社会の助け合いを促進するかというところに無料塾の本質的な価値がありそうです。

今日お話を伺うまで、無料塾って、上流階級に仲間入りするチャンスを与えることをうたうものかといぶかしんでいたので、目からウロコです。

おおた　無料塾って聞いたら、ほとんどのひとはそう思うと思います。でも、いまこの世知辛い競争社会に無料塾があることの意味を突き詰めて考えていくと、職業や収入でひとにラベルを貼り付けて勝手にかわいそうだと決めつけたりする価値観そのものを疑わざるを得ない逆説にいたるんです。今回、それが私にとって最大の発見でした。

おわりに

第三部の議論をふまえ、私の見解をまとめることで、あとがきとする。

「生まれ」と最終学歴が相関する状態を教育格差と呼ぶ。教育格差ができる要因の一つに、教育機会格差がある。家庭の事情によって塾などの教育機会に恵まれる子どもと恵まれない子どもの差ができる。無料塾はその差を少しでも埋める目的で誕生した。

しかし仮に、環境要因的な意味での「生まれ」と最終学歴との相関を完全に打ち消せたとしても、遺伝的要因という、さらに本人にも親にもどうにもできない差が残る。学業に対して努力できるかどうかすら遺伝の影響を免れない。教育格差がない代わりに遺伝的要因むき出しの競争社会を肯定すれば、優生思想に陥る。

仮に遺伝的要因の差まで打ち消すことができたとしても、小学校の初めての担任とそりが合わなかったために勉強嫌いになってしまったり、たまたま同じクラスにいじめっ子がいたために不登校になってしまったり、多感な年頃に両親が不仲になってしまったがために受験でいい結果が出せなかったりという、本人にはどうにもできない偶然によって、得られる学力や学歴は簡単に変わってしまう。

どこまでいっても運次第。公正な能力主義（業績主義、メリトクラシー）など原理的にあり得ない。

社会全体としては、本人にはどうにもできない所与の条件によって不当な差ができる傾向は減らしていく必要がある半面、個人のレベルではあらゆる結果がどこまでいっても運でしかない以上、できてしまったあらゆる不本意な差は事後的に埋め合わせされるべきである。

百歩譲って、教育の結果によって大人になったときの稼得力に大きな差がつく社会でいいと市民が合意したとしても、貧困家庭に生まれてきた子どもに貧困の責任はない。よって子どもの衣食住および教育は、社会によって保障されるべきといえる。

「親ガチャ」はたしかにある。でも勘違いしないでほしい。それで何かの不利益を被るとしても、悪いのは親じゃない。社会の構造だ。逆に、仮にひとより高い地位や収入を得ることができたとしても、自分が優秀だからだとか自分の努力の結果だなんて、うぬぼれるのもいい加減にしたほうがいい。

所得や富の偏在を放置すれば、格差はどんどん広がり、社会はアノミーに陥り、多くのひとの自由が脅かされる。その意味でも、仮にどんなに公正な競争が実現したとしても、結果の差は極力埋め合わされるべきである。

それでは努力する動機がなくなるというのなら、社会にわかりやすく貢献したひとに対しては、マンモスの牙のようなわかりやすい名誉を与えればよい。その代わり、マンモスの肉は各人の必要に応じて公平に分配されるべきである。

食ってはいけるとわかっており、失敗しても尊厳が損なわれる心配のない社会では、挑戦しやすい。挑戦する頭数が多ければ多いほど、イノベーションも起こりやすい。

しかし現代社会では、お金が牙と肉の両方の機能を併せもってしまっているのでややこしい。

お金という概念が前提となって、「生涯年収が多い大卒のほうが高卒よりも上等」「収入が多く世間からも尊敬される医者や弁護士や大学教員が上等な職業」というマインドセットが構築される。そのマインドセットをもって社会を観察すれば、人間に序列があり、職業に貴賤があることは動かしがたい事実となり、そのマインドセット自体が強化され、序列化や競争の激化を招き、社会不安を煽る危険性がある。

教育格差の〝負け組〟になることを恐れてわが子かわいさの教育競争熱が高まるようでは、世の中はますます殺伐とし、不幸なひとが増えるだろう。

不当な差がある一方で、許容される差、積極的に認められるべき差も存在する。遺伝的要因を含む広義の「生まれ」によって得られたそのひとの強みが普遍福祉にかなう形で活かされるのであれば、それは積極的に環境や教育によってむしろ強化されるべきである。普遍福祉への議論が不十分なまま、単純すぎるモノサシでひとを序列化するから、「違い」がことごとく「格差」に見えてしまうのだ。

自由で平等で民主的な社会ほど、むしろ遺伝的な違いが露呈しやすくなるという行動遺伝学の知見もある。社会の教育環境が豊かになればなるほど、学力の差はなくならず、その代わり、多様な才能が発揮されやすくなるということだ。であるならば、学力であれ体力であれ芸術的才能であれ、違いを目立たなくして平準化するのではなく、むしろ凸凹をうまく組み合わせてチームとしての力を最大化する社会を目指せばよい。

たまたまもっていて開花した得意分野が世の中のニーズや風潮にぴったり合っていれば、多くの名誉を得ることになる。追い風が得られなくても食うには困らず、自分の仕事に夢中になれて誇りをもてている限り尊厳のある生き方ができる。そんな社会が望ましい。

これを絵空事だと笑うことこそ、シニシズム（冷笑主義）だ。

何が何でも差をなくそうとするのではなく、差があったとしても誰も嫌な思いをしない社会を目指すことのほうがよほど建設的ではないか。


そもそも〝能力〟とは、環境や関係性のなかで発揮のされ方が変わるもの。〝能力〟を個人に属するものだとみなし個人を万能化するのををやめよう。お互いが発揮しやすい機能をもち寄って、社会全体としてできることが増えればよいではないか。

一〇〇点満点の教科別テストの総合点を気にしたり、他人との競争を気にしたりすることで、見せかけの〝能力〟が高まるとしても、そうしてできた見せかけの差によって社会における処遇が変わるのは正当であると信じるひとたちが〝優位〟に立つ社会が、良くなるはずがない。

その点、無料塾とは、教育機会に恵まれない子どもたちの学力を向上させるだけでなく、彼らがさまざまな大人に出会って社会を知り、損得勘定では説明できない生き方があることを知る場所でもある。進学というかりそめの目標を現実社会の中に定めながら、善意で子どもたちを包み込み、善意を内在化した次世代を育て、出来レースだらけの競争社会を内側から無力化する機能も期待できる。いちどは失われた地域社会を、子育ての社会化という文脈で再生する拠点となる可能性すら秘めている。

公的な制度運営ではとりこぼされてしまうところへ理屈を超えて対処する非公式な社会的機能としての性格が無料塾にはある。社会がシステム化、効率化すればするほど、無料塾のような非公式であいまいな補完機能が必要になるのは道理であろう。

無料塾の扉を開けてみると、そこは教育と社会の両方からのしわ寄せがぶつかる場所でありながら、同時に、善意に満ちたある意味での理想郷でもあった。

私の見たところどうやら、教育格差が格差社会を悪化させているというよりはむしろ、格差社会の悪化によって教育格差の存在がことさら大きな問題として認識されるようになったのである。今回、無料塾の現場に入ることによって、それがわかった。

要点をまとめる。

・社会経済的地位（ＳＥＳ）をはじめとする環境要因による影響の違いを打ち消せたとしても、遺伝的要因がむき出しの競争社会を肯定すれば、優生思想に陥る。

・既存社会の価値観にもとづいてデータを集めて対策を立てれば、結果的に既存社会のマインドセットを強化しかねない。

・違いが格差に見える社会より、違いがあっても皆が尊厳をもち、誰も嫌な思いをしない社会を目指すほうが建設的である。

これら三点は、もちろんアカデミック界隈では認識されていたはずだが、少なくとも巷《ちまた》での教育格差議論においてはこれまで死角になっていたように思う。特にメディアが取り上げる際、これらの点に自覚的でないと、かえって状況を悪化させかねない。

ひとを育てるのに、過激な競争もたいそうな夢も必要ない。かけがえのないそのひととしてまっすぐ見るまなざしさえあれば、子どもたちはたくましく育つ。無料塾の窓を覗くと、それがよくわかる。

子どもは勝手にねじ曲がらない。ねじ曲がってしまったとしたら、誰もその子を見ていなかったということだ。問われるべき責任は、〝能力〟を個人に帰属させ、競わせ、序列化し、しかも子育てを親や家庭に押しつける社会の側にある。

そんな社会を変える責任は明白に現在の大人にあるのであり、教育に社会の課題解決を丸投げしてはいけない。産業界あるいは経済界は、教育改革を求める前に、自ら採用や雇用のあり方を改革するのが筋ではないか。

社会課題の原因を教育に押しつけることは簡単だが、社会における不都合を隠し維持する言い訳に教育を利用してはいけない。

教育に、期待していいことと、いけないことがある。

二〇二三年一一月

おおたとしまさ

参考文献

『学問としての教育学』（苫野一徳、日本評論社、二〇二二年）
『教育格差』（松岡亮二、ちくま新書、二〇一九年）
『教育は遺伝に勝てるか？』（安藤寿康、朝日新書、二〇二三年）
『教育は変えられる』（山口裕也、講談社現代新書、二〇二一年）
『教育は社会をどう変えたのか』（桜井智恵子、明石書店、二〇二一年）
『教育は何を評価してきたのか』（本田由紀、岩波新書、二〇二〇年）
『子どもの貧困』（渡辺由美子、水曜社、二〇一八年）
『子どもの貧困』（阿部彩、岩波新書、二〇〇八年）
『子どもの貧困Ⅱ』（阿部彩、岩波新書、二〇一四年）
『実力も運のうち』（マイケル・サンデル、鬼澤忍・訳、早川書房、二〇二一年）
『大衆教育社会のゆくえ』（苅谷剛彦、中公新書、一九九五年）
『日本の教育格差』（橘木俊詔、岩波新書、二〇一〇年）
『日本のメリトクラシー（増補版）』（竹内洋、東京大学出版会、二〇一六年）
『「能力」の生きづらさをほぐす』（勅使川原真衣、どく社、二〇二二年）
『暴走する能力主義』（中村高康、ちくま新書、二〇一八年）
『無料塾に今、できること』（中野よもぎ塾、日本非営利塾協会、二〇一九年）

おおたとしまさ

教育ジャーナリスト。株式会社リクルートから独立後、数々の育児誌・教育誌の編集に携わる。教育や育児の現場を丹念に取材し斬新な切り口で考察する筆致に定評がある。心理カウンセラー、小学校教員としての経験もある。著書は『勇者たちの中学受験』『ルポ 名門校』『ルポ 塾歴社会』『ルポ 教育虐待』『不登校でも学べる』『中受離婚』など八〇冊以上。

ルポ 無料塾《むりょうじゅく》「教育格差《きょういくかくさ》」議論《ぎろん》の死角《しかく》

集英社新書一一九二E

二〇二三年一二月二〇日 第一刷発行

著者……おおたとしまさ

発行者……樋口尚也

発行所……株式会社集英社

東京都千代田区一ツ橋二-五-一〇 郵便番号一〇一-八〇五〇

電話 〇三-三二三〇-六三九一（編集部）

〇三-三二三〇-六〇八〇（読者係）

〇三-三二三〇-六三九三（販売部）書店専用

装幀……原 研哉

印刷所……大日本印刷株式会社 TOPPAN株式会社

製本所……加藤製本株式会社

定価はカバーに表示してあります。

ISBN 978-4-08-721292-1 C0237

Printed in Japan

a pilot of wisdom

ノンフィクション――N

- 妻と最期の十日間　桃井和馬
- 鯨人　石川梵
- ゴーストタウン　チェルノブイリを走る　エレナ・ウラジーミロヴナ・フィラトワ　池田紫・訳
- 笑う、避難所　石巻・明友館136人の記録　頓所直人　写真・名越啓介
- チャングム、イ・サンの監督が語る　韓流時代劇の魅力　イ・ビョンフン
- 女ノマド、一人砂漠に生きる　常見藤代
- 幻の楽器　ヴィオラ・アルタ物語　平野真敏
- 風景は記憶の順にできていく　椎名誠
- 実録　ドイツで決闘した日本人　菅野瑞治也
- 「辺境」の誇り――アメリカ先住民と日本人　鎌田遵
- 奇食珍食　糞便録　椎名誠
- 橋を架ける者たち――在日サッカー選手の群像　木村元彦
- ナチスと隕石仏像　SSチベット探検隊とアーリア神話　浜本隆志
- 堕ちた英雄　「独裁者」ムガベの37年　石原孝
- 癒されぬアメリカ　先住民社会を生きる　鎌田遵
- 羽生結弦を生んだ男　都築章一郎の道程　宇都宮直子
- 花ちゃんのサラダ　昭和の思い出日記　南條竹則
- ある北朝鮮テロリストの生と死　証言・ラングーン事件　羅鍾一　永野慎一郎・訳
- 原子の力を解放せよ　戦争に翻弄された核物理学者たち　浜野高宏　新田義貴　海南友子
- ルポ　森のようちえん　SDGs時代の子育てスタイル　おおたとしまさ
- シングルマザー、その後　黒川祥子
- 9つの人生　現代インドの聖なるものを求めて　ウィリアム・ダルリンプル　パロミタ友美・訳
- 財津和夫　人生はひとつ　でも一度じゃない　川上雄三
- ルポ　虐待サバイバー　植原亮太
- スタジオジブリ物語　鈴木敏夫　責任編集

a pilot of wisdom

集英社新書　好評既刊

アントニオ猪木とは何だったのか
入不二基義／香山リカ／水道橋博士／ターザン山本
松原隆一郎／夢枕 獏／吉田 豪　1180-H
哲学者から芸人まで独自の視点をもつ七人の識者が、あらゆる枠を越境したプロレスラーの謎を追いかける。

絶対に後悔しない会話のルール
吉原珠央　1181-E
人生を楽しむための会話術完全版。思い込み・決めつけ・観察。この三つに気を付けるだけで毎日が変わる。

疎外感の精神病理
和田秀樹　1182-E
コロナ禍を経てさらに広がった「疎外感」という病理。精神科医が心の健康につながる生き方を提案する。

「おひとりさまの老後」が危ない！ 介護の転換期に立ち向かう
上野千鶴子／髙口光子　1183-B
日本の介護に迫る危機にどう向き合うべきなのか。社会学者と介護研究アドバイザーが「よい介護」を説く。

スーザン・ソンタグ 「脆さ」にあらがう思想
波戸岡景太　1184-C
〝反解釈・反写真・反隠喩〟で戦争やジェンダーなどを喝破した批評家の波瀾万丈な生涯と思想に迫る入門書。

男性の性暴力被害
宮﨑浩一／西岡真由美　1185-B
男性の性被害が「なかったこと」にされてきた要因や、被害の実態、心身への影響、支援のあり方を考察する。

死後を生きる生き方
横尾忠則　1186-F
八七歳を迎えた世界的美術家が死とアートの関係と魂の充足をつづる。ふっと心が軽くなる横尾流人生美学。

ギフティッドの子どもたち
角谷詩織　1188-E
天才や発達障害だと誤解されるギフティッド児。正確な知識や教育的配慮のあり方等を専門家が解説する。

推す力 人生をかけたアイドル論
中森明夫　1189-B
「推す」を貫いた評論家が、戦後日本の文化史とともに〝虚構〟の正体を解き明かすアイドル批評決定版！

スポーツウォッシング なぜ〈勇気と感動〉は利用されるのか
西村 章　1190-H
都合の悪い政治や社会の歪みをスポーツを利用して覆い隠す行為の歴史やメカニズム等を紐解く一冊。

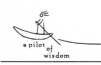